Lasar (Hrsg.) – Wille und Kognition bei chronischer Erkrankung

Michael Lasar (Hrsg.)

Wille und Kognition bei chronischer Erkrankung

Ein interdisziplinärer Austausch

Königshausen & Neumann

Die Deutsche Bibliothek — CIP-Einheitsaufnahme

Wille und Kognition bei chronischer Erkrankung : ein interdisziplinärer Austausch / Michael Lasar (Hrsg.). – Würzburg : Königshausen und Neumann, 1995
ISBN 3-88479-933-9
NE: Lasar, Michael [Hrsg.]

Druck: Verlag Königshausen & Neumann, GmbH
Gedruckt auf säurefreiem, alterungsbeständigem Papier
Bindung: Rimparer Industriebuchbinderei GmbH

Printed in Germany
ISBN 3-88479-933-9

Inhaltsverzeichnis

Vorwort

Das vorliegende Buch entstand aus dem Bedürfnis nach Austausch, Gespräch und Diskussion, wobei der chronisch kranke Mensch mit seinen Einschränkungen, Belastungen und Fähigkeiten im Mittelpunkt stehen sollte. Zunehmend sind die spezifischen wissenschaftlichen Beiträge einzelner Fachdisziplinen lediglich über spezielle Computerdateien und Publikationsorgane überhaupt erfaßbar und erfahrbar. Diese Spezialisierung bietet zwar Raum für die notwendige Konzentration auf den zu untersuchenden einzelnen Gegenstand; gleichzeitig besteht jedoch die Gefahr, daß die Diskussion und das gemeinsame Gespräch der Spezialisten, die an vergleichbaren Untersuchungsgegenständen arbeiten, in den Hintergrund treten.

Vom psychiatrischen Standpunkt aus ist es exemplarisch bei der schizophrenen Erkrankung interessant, wegen der unterschiedlichen Krankheitsverläufe und den verschiedenen Effekten vergleichbarer therapeutischer Regimes, erneut über mögliche subjektive Anteile von Patienten im Krankheitsverlauf nachzudenken. Dieses Vorgehen ist nicht neu, sondern schließt sich traditionellen psychiatrischen Herangehensweisen an. Innerhalb der psychiatrischen Wissenschaft wurden von Beginn an in den Aussagen zur Psychologie und Psychopathologie subjektive Merkmale Erkrankter, wie etwa der Wille, berücksichtigt. Hier ist es zur Zeit die Psychologie, die neben neuen Konzepten über die menschliche Willenstätigkeit mit der Analyse allgemeiner und gesundheitsspezifischer Kontrollüberzeugungen Merkmale vorstellt, die mit dem Krankheitsverlauf und dem therapeutischen Prozeß verbunden sind. Es entstand das Anliegen, wissenschaftliche Beiträge im Rahmen einer psychiatrischen Veranstaltung zu den skizzierten Themen mit Teilnehmern aus den engeren Nachbardisziplinen zu erörtern.

Dennoch bedarf es einer Erläuterung, warum z.B. Aspekte der koronaren Herzkrankheit oder der Multiplen Sklerose neben Krebserkrankungen nachbarschaftliche Kontakte zu psychiatrischen Krankheiten besitzen sollen. Diese Verbindung entsteht, da am Beispiel einzelner Diagnosegruppen die individuellen Faktoren zur Pathogenese, zum Verlauf und für die Therapie praxisrelevant diskutiert werden können. Hieraus ergibt sich insgesamt als ein Ergebnis, daß sich diagnoseunabhängig neben kognitiven Einstellungen auch Vorgänge des Willens als für das Krankheitsgeschehen bedeutsame Kennzeichen des Subjekts darstellen.

Aus diesen Vorüberlegungen heraus entstand eine wissenschaftliche Veranstaltung unter dem Titel des vorliegenden Bandes, die am 2. März 1994 im Zentrum für Psychiatrie der Ruhr-Universität in Bochum stattfand. Den Mitautoren soll an dieser Stelle noch einmal ein herzlicher Dank ausgesprochen werden.

Inhaltlich gliedert sich das Buch folgendermaßen:
K. Siegrist und *M. Broer* zeigen am Beispiel der koronaren Herzkrankheit, daß Kognitionen wie Kontrollambitionen einen ungünstigen Einfluß auf das Krankheitsgeschehen ausüben. *D. Ferring*

und *S.H. Filipp* weisen die Bedeutung kognitiver Einstellungen in Form von gesundheitsspezifischen Kontrollüberzeugungen bei der Wahrnehmung des Verlaufs und des Wohlbefindens von Patienten mit Krebserkrankungen nach. *S. Kotterba* und *M. Lasar* berichten über Ergebnisse zu allgemeinen und gesundheitsspezifischen Kontrollüberzeugungen bei Patienten mit Multipler Sklerose. Hierbei wird die Verbindung der genannten Kognitionen mit dem Schweregrad der Krankheit, Verlaufsmerkmalen und der Psychopathologie betroffener Patienten deutlich. Weiterhin wird der Zusammenhang kognitiver Einstellungen mit dem Bewältigungsverhalten MS-Kranker diskutiert. Die notwendige Berücksichtigung biologischer Aspekte im Rahmen kognitiver Prozesse wird von *I. Börner* anhand ihrer Analyse von Informations- und Wahrnehmungsprozessen bei Schizophrenen vorgenommen. Auf die Bedeutung willensabhängiger Prozesse (volitiver Merkmale) von Patienten gehen *J. Hartung* und *D. Schulte* in ihrem Beitrag zu Angsterkrankungen ein. Das traditionelle psychiatrische Thema zur Psychologie und Psychopathologie des Willens wird abschliessend von *M. Lasar* am Beispiel der chronischen Schizophrenie aufgegriffen. In diesem Beitrag werden die historische Entwicklung des Willensbegriffs, seine nach wie vor vorhandene Bedeutung auch für die gegenwärtige Psychopathologie und Entwicklungsmöglichkeiten herausgearbeitet und vorgestellt.

Außer den Mitautoren danke ich Herrn Prof. Dr. Dr. Th. R. Payk für die Ermutigung und Unterstützung der Veranstaltung. Ihre Durchführung und die anschließende Drucklegung wurden zudem durch die Klinikverwaltung und die Firma Janssen Pharma Neuß ermöglicht.

Bochum, Sommer 1994 Michael Lasar

Unrealistische Kontrollambitionen und der Verlauf der koronaren Herzkrankheit

Karin Siegrist und Matthias Broer

Unrealistisch stark ausgeprägte Kontrollambitionen sagen bei Gesunden die Manifestation einer koronaren Herzkrankheit (KHK) vorher und sind ein typisches Verhaltensmerkmal der bereits an ihr Erkrankten. Dabei ist in westlichen Industriegesellschaften die Prävalenz von Kontrollambitionen in der Allgemeinbevölkerung noch höher als die eines so verbreiteten Risikofaktors wie Hypertonie. In den USA schätzte Friedman, der Begründer des verwandten - älteren - Typ-A-Konzepts, bis zu dreiviertel großstädtischer Populationen als Typ-A bzw. unrealistisch kontrollambitioniert ein (Friedman und Ulmer, 1984).

Kontrollambitionen (KA) bezeichnen ein Verhaltensmuster, das durch ein zuviel Wollen charakterisiert ist. Dieses immer wieder zuviel Wollen wird aufrecht erhalten durch unrealistische Kognitionen des Kontrollambitionierten und durch ein gesellschaftliches Wertsystem, in dessen Licht Elemente von KA wie Verausgabungsbereitschaft, Perfektionismus, Leistungswille und hohes Arbeitstempo belohnungswürdig erscheinen. Schon das ursprüngliche Typ-A-Konzept enthält diese Elemente bis auf den Perfektionismus. Gemeinsam sind beiden darüberhinaus aggressives Konkurrenzstreben, Ungeduld und eine erhöhte Neigung, auf Hindernisse, die den einmal eingeschlagenen Weg blockieren, mit Ärger und Feindseligkeit zu reagieren.

Seit mehr als 10 Jahren wurde versucht, die besonders koronargefährdenden Bestandteile des Typ-A-Verhaltens zu spezifizieren. Es zeigte sich, daß starker Ärger und anhaltende Feindseligkeit als emotionale Antworten auf potentielle Stressoren hochgradig pathogen wirken. Man weiß inzwischen, daß diese von vielfältigen neuroendokrin vermittelten kardiovaskulären und metabolischen Reaktionen begleitet sind (Williams, Lane et al., 1982). Langfristig erhöhen sie das Risiko, daß sich eine koronare Herzkrankheit entwickelt und manifestiert (Rosenman, Brand et al., 1975). Ein anderer Ansatz zur Spezifikation wurde mit dem Konzept der Kontrollambitionen vorgelegt (Matschinger, Siegrist et al., 1986). Dieses bezieht explizit den sozialen, insbesondere den beruflichen Kontext ein, in dem der Kontrollambitionierte mit Einsatz aller Kräfte seine hochgesteckten, meist nicht präzise definierten Ziele zu erreichen sucht. Bleiben langfristig erwartete soziale Belohnungen aus, sind Weiterqualifikationen nicht möglich, keine Karrierechancen vorhanden, die Entlohnung nicht leistungsgerecht, gar die Sicherheit des beruflichen Status in Frage gestellt, so kommt es zur Gratifikationskrise, begleitet von anhaltender autonomer Aktivierung und einem gestörten Rhythmus von Anspannung und Entspannung. Auch das Modell der Gratifikationskrise hat sich mehrfach empirisch bewährt. Bei 416 initial gesunden Industriearbeitern im mittleren Erwachsenenalter sagte die Kombination von hohen KA und geringen beruflichen Gratifikationen das gemeinsame Auftreten der wichtigen koronaren Risikofaktoren Hypertonie und

Hypercholesterinämie vorher (Siegrist, Peter et al., 1991). Darüber hinaus erwies sich diese Kombination als unabhängiger Prädiktor eines Herzinfarkts (HI) im 6 1/2 Jahres-Beobachtungszeitraum (Siegrist, Peter et al., 1990). Die KA Komponente "Distanzierungsunfähigkeit" war bei denen, die später erkrankten (N=21), bei der letzten Messung vor dem HI hochsignifikant stärker ausgeprägt als bei denen, die herzkreislaufgesund blieben. Der entsprechende Unterschied im Vergleich zu einer nach Alter und anderen Risikoindikatoren parallelisierten Kontrollgruppe (N=84), die aus dem gesunden Kollektiv herausgezogen worden war, verfehlte nur knapp das 5 %-Niveau (p=.06).

Es gibt Hinweise darauf, daß Typ-A-Verhalten und erhöhte Kontrollambitionen nicht nur die Erstmanifestation, sondern auch den Verlauf der KHK ungünstig beeinflussen. So sagte in einer finnischen Längsschnittstudie an 3750 Männern mittleren Alters die Komponente "Feindseligkeit" von Typ-A bei Hypertonikern im 3-J.-Zeitraum koronare Krankheitsereignisse und Todesfälle vorher (bei Kontrolle von Rauchen, Übergewicht und Schlaf-Apnoe) (Koskenvuo, Kaprio et al., 1988). Eine randomisierte Interventionsstudie an 862 HI-Patienten (Nichtraucher, ohne Diabetes, Höchstalter 64) Jahre, liefert indirekte Evidenz für den Einfluß des Typ-A-Verhaltens und der Komponente "Ärger" auf den Krankheitsverlauf. In der Interventionsgruppe mit Typ-A-Modifikation und kardiologischer Beratung gingen im Vergleich zur Kontrollgruppe mit nur kardiologischer Beratung Typ-A-Verhalten und Ärger signifikant zurück, und es lag die Rezidivrate im 3 Jahres-follow-up um 44 % niedriger unabhängig von Änderungen anderer Risikofaktoren (Friedman, Thoresen und Gill, 1984). Allerdings findet sich nicht immer die erwartete Evidenz für die ungünstige prognostische Bedeutung von Typ-A-Verhalten (Ragland und Brand, 1988).

Die Komponente "Perfektionismus" von Kontrollambitionen leistete im 18-Monats-follow-up an 67 Männern mittleren Alters mit 1. HI einen signifikanten Beitrag zur Vorhersage von Rehospitalisierung aufgrund kardialer Ursache. Dies galt bei Kontrolle somatischer Indikatoren der Schwere der Erkrankung (Siegrist, 1992). Als tendenziell bedeutsam erwies sich darüber hinaus ein übersteigertes "Bedürfnis nach Anerkennung", einer weiteren Dimension von KA.

Historischer Hintergrund - Ein Exkurs

Das koronargefährdende Verhaltensmuster in beiden beschriebenen Varianten ist ein Spezifikum westlicher Industriegesellschaften. Die Suche nach seinen historischen Wurzeln führt hin zur frühen protestantischen Arbeitsethik, wobei insbesondere die calvinistische Variante, so wie sie Max Weber als Vorläuferin des kapitalistischen Geistes idealtypisch rekonstruiert hat (Weber, 1965), zu beachten ist. Es ist die protestantische Arbeitsethik, die, erstmalig in der Geschichte, das Leben aller Mitglieder der Glaubensgemeinschmeinschaft ganz auf die berufliche Arbeit ausrichtet. Die zentrale Bedeutung von beruflicher Arbeit und beruflichem Erfolg für den Lebenssinn, die sich in hohen Kontrollambitionen ausdrückt, geht letztlich zurück auf im Glauben verankerte ethische Pflichtvorstellungen. Weber beschreibt die vom Protestantismus geforderte innerweltliche Askese als methodische Erfassung des ganzen Menschen. Das gegenüber dem Katholizismus Besondere, daß diese von allen Gläubigen gefordert ist, macht sie für die ökonomische Entwicklung bedeutsam. Jeder lernt, rational und längerfristig planend, seine Energien auf die berufliche Tätigkeit zu richten und dabei die Affekte zu kontrollieren. Mit der protestantischen Ethik erfaßt der Zivilisationsprozeß Lebensplanung, Lebensstil und Lebenssinn; die Muße erscheint als ebenso archaisch wie verwerflich, da sie vom Eigentlichen, der gottgefälligen beruflichen Pflichterfüllung abhält. Verausgabungsbereitschaft und Perfektionismus als konstante Motive und Verhaltensmuster entwickeln sich über den Mechanismus der Verinnerlichung.

Die Komponente Feindseligkeit kommt durch die calvinistische Prädestinationslehre ins Spiel. Diese Lehre, die zwei durch eine tiefe Kluft getrennte Gruppen unterscheidet, die kleinere der prädestinierten Heiligen, erkennbar daran, daß ihre Werke auf Erden gelingen, und die größere der von Ewigkeit her Verworfenen, fördert den mißtrauisch-kalten, wenn nicht gar feindseligen sozialen Umgang. Zwischen Heiligen und Verworfenen gibt es keine Gemeinsamkeiten. Warum Brüderlichkeit und Nächstenliebe an den verschwenden, der von Gott auf ewig verdammt ist?

"Denn diesem Gottesgnadentum der Erwählten und deshalb Heiligen war angesichts der Sünde des Nächsten nicht nachsichtige Hilfsbereitschaft im Bewußtsein der eigenen Schwäche, sondern der Haß und die Verachtung gegen ihn als einen Feind Gottes, der das Zeichen ewiger Verwerfung an sich trägt, adäquat." (Weber, 1965).

Die protestantische Ethik ist in das große historische Projekt "Naturbeherrschung" eingeflossen und hat der industriellen Revolution die notwendige Arbeitsmoral zur Verfügung gestellt. Die Moral war erfolgreich, wurde säkularisiert und lebt in Kontrollambitionen respektive Typ-A-Verhalten fort, unabhängig vom religiösen Hintergrund des einzelnen. Schon lange sind Rationalität, methodisch-systematischer Aktivismus und Individualismus selbstverständliche Orientierungen des Handelns in modernen, komplexen Gesellschaften (Münch, 1981). Individualismus assoziiert sich nur unter bestimmten Bedingungen mit Feindseligkeit. Da ist einmal die feindselige Selbstgerechtigkeit desjenigen, der mit Perfektionismus, hoher Verausgabung und anhaltenden Verzichtleistungen zum Erfolg gekommen ist - hier scheint noch die Verachtung des i. S. der Prädestinationslehre Erwählten gegenüber dem Sünder durch. Da sind zum anderen Ärger und Aggressivität des sozial Benachteiligten, der trotz hoher Verausgabung den angestrebten Erfolg nicht erreicht - hier ist es die Leistungsgesellschaft mit ihrer Ideologie der Chancengleichheit, die aber real nicht gewährt wird, die negative Emotionen - auch Selbstvorwürfe - produziert. Bisher gibt es keine empirische Evidenz für einen Rückgang von Kontrollambitionen oder Typ-A-Verhalten in westlichen Gesellschaften.

Bezug zu anderen psychologischen Konzepten

Das Kontrollambitions-Konzept ist in direkter Auseinandersetzung mit dem Typ-A-Konzept entwickelt worden. Typ-A-Verhalten - beschrieben zuerst 1959 von Friedman und Rosenman (1974) - bezeichnet eine Art und Weise, mit persönlich bedeutsamen Anforderungssituationen umzugehen, die durch starkes Wettbewerbsstreben, Verausgabungsbereitschaft und Hyperaktivität mit auffälliger Hektik und Ungeduld dominiert ist. Die sichtbare Hyperreaktivität geht, wie man aus Experimenten weiß, einher mit neuroendokrin vermittelter kardiovaskulärer Hyperaktivierung und mit herzkreislaufrelevanten metabolischen Prozessen (s.u.). Die Begründer des Typ-A-Konzepts sehen das Verhalten im Zusammenhang mit der westlichen Leistungsethik, wie sie in der primären, sekundären und tertiären Sozialisation vermittelt wird.

Ende der siebziger Jahre nahm Glass eine bedeutsame Spezifikation des Konzepts vor. Anknüpfend an Seligmans Theorie der gelernten Hilflosigkeit machte er den zuweilen extremen und unökonomischen Kräfteeinsatz der Typ-A-Personen plausibel als Reaktion auf eine die Handlungskontrolle bedrohende Anforderungssituation (Glass und Carver, 1980). Typ-A-Verhalten erklärt sich für Glass aus dem nicht Ertragenkönnen von Unsicherheit und potentiellem Kontrollverlust. Um Kontrolle zu sichern und nicht von Gefühlen von Hilflosigkeit überschwemmt zu werden, mobilisiert der Typ A alle Kräfte. Hier setzt das Konzept "Kontrollambitionen" an und nimmt eine weitere Spezifikation vor: KA bezeichnen ein Bewältigungsverhalten, das einhergeht mit unrealistischer Einschätzung von Anforderungssituationen (Matschinger, Siegrist et al., 1986). Zweierlei kann unrealistisch eingeschätzt werden: 1.) die Relation zwischen Anforderungen und eigenen Bewältigungspotentialen und 2.) die vom durchschnittlich kompetent Handelnden in einer entsprechenden Situation überhaupt zu erreichende Kontrolle. Wenn eigene Bewältigungspotentiale überschätzt werden, führt dies zur Mißachtung von Entspannungs- und Regenerationsbedürfnissen des Organismus. Werden Anforderungen überschätzt (z.B. im Sinne von Perfektionismus), so kommt es zu einem übertriebenen und damit unökonomischen Kräfteeinsatz. Wenn schließlich Situationen als vom Handelnden kontrollierbar eingeschätzt werden, die sich faktisch durch ihn nicht beeinflussen lassen, so ist die streßtheoretisch bedeutsame Kombination von starker Anstrengung und Mißerfolg zu erwarten. Wichtig für das KA-Konzept ist schließlich der Bezug auf lebensgeschichtliche Verläufe. Der Kontrollambitionierte, so wird angenommen, durchläuft typischerweise folgende Bewältigungskarriere. Zunächst ist er mit Verausgabungsbereitschaft, Perfektionismus und Wettbewerbsstreben relativ erfolgreich, d. h. er erhält soziale Belohnungen über Geld, Karriere oder Anerkennung, die er diesem Verhalten zuschreiben kann. Später, im mittleren Erwachsenenalter laufen die Bewältigungskarrieren deutlicher auseinander. Bei einigen lohnen sich KA in solchem Ausmaß, daß Erfahrungen von Bedrohung oder Mißerfolg klein gehalten werden können. In diesem Fall, so wird postuliert, ist der Effekt auf das Herzkreislauf-Risiko gering. Andere machen zunehmend die Erfahrung, daß ihr unmäßiger Kräfteeinsatz nicht mit adäquaten Belohnungen verbunden ist. Sei es, daß der Vergleich mit anderen zeigt, daß die eigenen Leistungen nicht angemessen entlohnt werden, sei es, daß verbale Anerkennung für besondere Anstrengungen ausbleibt, daß die Tätigkeit zu wenig Entfaltungsmöglichkeiten bietet, Karrierechancen fehlen oder nicht einmal der Arbeitsplatz sicher ist, es kommt zur Gratifikationskrise

(Matschinger, Siegrist et al., 1986). Vermutlich wird die Krise dann mit besonders starken Hilflosigkeitsgefühlen verbunden sein, wenn schlechte soziale Startchancen soziale Ungleichheit als nicht überwindbare Begrenzung erleben lassen. Dabei werden weiterhin alle Kräfte mobilisiert, möglicherweise immer noch kontrafaktisch ein gewisser Optimismus aufrechterhalten, aber immer wieder gibt es Einbrüche mit Angst, Unsicherheit und Hilflosigkeit, die jedoch nicht eingestanden und schon gar nicht thematisiert werden dürfen. Die psychosoziale ist begleitet von einer physiologischen Daueranspannung mit anhaltender sympathoadrenerger und hypophysär-adrenokortikaler Aktivierung. In diesem späten Stadium der Bewältigungskarriere gewinnt die KA Dimension "Distanzierungsunfähigkeit" von KA an Bedeutung. Der Betroffene lebt in ständiger Spannung, die durch die Diskrepanz zwischen Anforderungssituation und Verausgabung auf der einen und gewährten Gratifikationen auf der anderen Seite erzeugt wird. Hier berührt sich das Konzept der KA mit dem der "vitalen Erschöpfung". Ein Zustand vitaler Erschöpfung findet sich häufig in der Prodromalphase eines HI und sagt bei bereits Erkrankten einen ungünstigen Verlauf vorher (Appels, 1990; Kop, 1994). Gemeinsamkeiten zwischen Distanzierungsunfähigkeit und vitaler Erschöpfung liegen im Leiden an der bestehenden Situation und in der Unfähigkeit, sich daraus zu befreien. Zu einer realistischeren Einschätzung der Person-Umwelt-Interaktion gelangt der hoch Kontrollambitionierte meist erst dann, wenn die Gratifikationskrise im Herzinfarkt überdeutlich geworden ist. In dem Augenblick bieten sich gute Chancen, Kontrollambitionen zugunsten einer ökonomischeren Verhaltensstrategie abzubauen.

Die Vermittlung von KA im Zuge der primären, aber auch der sekundären und schließlich der beruflichen Sozialisation geschieht sowohl in der Art des Modell-Lernens, als auch kompensatorisch (Matschinger, Siegrist et al., 1986). Die an die Erfüllung von Leistungsnormen geknüpfte Liebe der Eltern - sozialer Aufstieg wird erwartet - oder allzu frühe Verantwortung durch Verlust eines Elternteils können die unrealistische Erwartung an sich selbst begünstigen, innerhalb des eigenen Handlungsrahmens weitgehend die Dinge zu steuern und zu kontrollieren. Dies sind theoretisch abgeleitete Hypothesen, die durch klinische Erfahrung unterstützt werden, bisher jedoch noch nicht systematisch überprüft wurden.

Das Konzept "Kontrollambitionen" scheint sich gut von den Konzepten "Kontrollüberzeugungen" (KÜ) und "Kompetenzerwartung" (KE; self-efficacy) abgrenzen zu lassen. (Zu "Kontrollüberzeugungen" vgl. die Beiträge von Ferring und Filipp sowie Kotterba und Lasar in diesem Band). Während KA als unrealistisches, unökonomisches und koronargefährdendes Verhalten konzipiert sind - hohe und sehr hohe Werte deuten auf Gefährdung hin, steht hinter den beiden anderen Konstrukten der Wunsch, Verhaltensstärken zu erfassen, die Überzeugung nämlich, erfolgreich auf die Welt einwirken und Probleme lösen zu können - hohe Werte deuten auf gesundes und gesundheitsgünstiges Verhalten hin. Bei Betrachtung der Items, die Kontrollüberzeugungen und Kompetenzerwartung messen, stellt sich allerdings der Verdacht ein, der "workoholic" mit den hohen KA und der "cheerful idiot", der für jedes Problem eine Lösung findet (KE), sich durchzusetzen vermag, wenn ihm jemand Widerstand leistet (KE) und auch in unerwarteten (KE) oder unklaren oder gefährlichen (KÜ) Situationen immer weiß, wie er sich verhalten soll, könnten sich in einer Person treffen. Es ist zu erwarten, daß Personen in den oberen Extremen der Verteilung einer Variablen sich auch in den beiden anderen Variablen im oberen Bereich befinden. Vermutlich liegt das gesunde Optimum nicht nur bei den Kontrollambitionen, sondern auch bei den auf Stärken abzielenden Kontrollüberzeugungen bzw. der Kompetenzerwartung eher in der Mitte. Auch dies sind Hypothesen, die unseres Wissens bisher nicht überprüft wurden.

Verhaltensmedizinische Mechanismen

Unrealistische Kontrollambitionen und Typ-A-Verhalten erhöhen die Wahrscheinlichkeit von Streßerfahrungen. Mittels Verausgabungsbereitschaft und Perfektionismus signalisiert die Person ihrer Umwelt, daß es sinnvoll ist, sich mit wichtigen und dringlichen Aufgaben an sie zu wenden. Hohe quantitative Belastung in Kombination mit hoher Verantwortung ist die Folge. Es entsteht ein starker Anforderungsdruck. Gleichzeitig begünstigt das erhöhte Kontrollbedürfnis Gefühle von Unsicherheit und Hilflosigkeit bereits dann, wenn eine Aufgabe nicht mehr in absoluter Perfektion oder exakt pünktlich zu Ende gebracht werden kann. Die Kombination von Anstrengung mit sympathoadrenerger und temporärer Unsicherheit/Hilflosigkeit mit hypophysär-adrenokortikaler Aktivierung führt zu ausgeprägter Herzkreislaufaktivierung mit kataboler Stoffwechsellage (Henry und Stephens, 1979). Die Modellannahme, daß die über längere Zeit immer wieder eintretende synergistische Aktivierung beider Streßachsen mit Katecholaminen bzw. Cortisol als hormonellen Endpunkten tatsächlich die Entwicklung einer KHK begünstigt, ist empirisch vielfach bestätigt worden, wenn auch immer nur partiell. Die psychophysiologische Spezifität von Streßachsen - Anstrengung/Kampfbereitschaft mit sympathoadrenerger Aktivierung und Unsicherheit/Hilflosigkeit mit hypophysär-adrenokortikaler Aktivierung - wurde insbesondere tierexperimentell erhärtet (Henry und Stephens, 1979), ebenso die Verknüpfung von starker und anhaltender Aktivierung mit kardiovaskulären Risikofaktoren und mit Atherosklerose (Clarkson, Manuck und Kaplan, 1986). Die Verknüpfung von KA und Typ-A-Verhalten mit neuroendokriner und Herzkreislauf-Aktivierung konnte experimentell (Williams, Lane et al., 1982), mit Entwicklung von kardiovaskulären Risikofaktoren (Siegrist, Peter et al., 1991), mit Grad der Atherosklerose (Williams, Barefoot und Haney, 1988) und schließlich Manifestation der KHK im Herzinfarkt epidemiologisch nachgewiesen werden. (Siegrist, Peter et al., 1990)

Im einzelnen sind eine Reihe von Zusammenhängen mehrfach, wenn auch nicht konsistent belegt. Typ A zeigte sich positiv korreliert mit Katecholaminen im Sammelurin eines Arbeitstages, mit Katecholaminanstiegen unter psychomentaler Belastung (standardisierter Laborstressor) sowie mit Cortisolanstieg in einem Unsicherheit induzierenden Streßexperiment (Williams, Lane et al., 1982). Gleichzeitig gibt es Hinweise auf verminderte parasympathische Reaktionsbereitschaft bei Typ A-Personen (Williams, Suarez et al., 1991). Verschiedene Studien dokumentierten eine erhöhte Streßreaktivität des Blutdrucks. Für Typ A und KA sind Zusammenhänge mit Serumlipiden (Gesamtcholesterin, LDL-HDL-Quotient) nachgewiesen worden (Siegrist, Peter et al., 1991).

In Bezug auf KA gelang der Nachweis, daß diese nicht uniform mit erhöhtem Risiko (Serumlipide, Blutdruck) einhergehen, sondern den theoretischen Annahmen entsprechend vor allem dann, wenn sie in einem sozialen Kontext gezeigt werden, der adäquate Belohnungen vorenthält (Siegrist, Peter et al., 1990; 1991). Die Pathogenität von KA im Rahmen von Gratifikationskrisen konnte inzwischen weiter erhärtet werden. In einer noch unveröffentlichten Studie an Vizemeistern in einem großen Automobilwerk wurden u.a. Zusammenhänge zwischen Indikatoren einer Gratifikationskrise und dem noch nicht lange bekannten Risikofaktor Fibrinogen untersucht. Vizemeister sein bedeutet, in Verantwortung und Arbeitsbelastung den Meistern gleichgestellt, in Bezahlung und innerbetrieblichem Status jedoch deutlich schlechter gestellt zu sein. Erhöhtes Fibrinogen bedeutet erhöhtes Risiko der Thrombenbildung in atheromatösen Koronargefäßen. Die Untersucher fanden bei jenen Vizemeistern, die hohe Werte auf der Dimension "Bedürfnis nach Anerkennung/Schwierigkeiten mit Kritik" von KA aufwiesen, eine nahezu 4-fach erhöhte Wahrscheinlichkeit, der Gruppe mit klinisch bedeutsam erhöhten Fibrinogenwerten anzugehören und damit ein erhöhtes Risiko atherothrombotischer Komplikationen (Siegrist, 1993).

Interessante neuere Ergebnisse liegen schließlich vor zu den Mechanismen, die das erhöhte Herzkreislaufrisiko erklären, das mit der Komponente Feindseligkeit/Ärger von Typ A bzw. KA assoziiert ist. Zunächst finden sich für Feindseligkeit ähnliche Einzelbefunde, wie für das Verhaltensmuster insgesamt. So wurden bei ausgeprägter Feindseligkeit stärkere Katecholaminanstiege und Blutdruckreaktivität in einem ärgerinduzierenden psychomentalen Streßtest gefunden (Suarez und Williams, 1989). Darüber hinaus wurde in diesem geschickt konstruierten Experiment die Hypothese geprüft, ob nicht Feindseligkeit als überdauernde Reaktionsbereitschaft erst dazu führt, daß eine akute Ärgerreaktion mit starker physiologischer Aktivierung einhergeht. Tatsächlich fanden die Untersucher eine positive Korrelation zwischen testinduziertem Ärger und testinduziertem Blutdruckanstieg nur bei den Probanden, bei denen hohe Feindseligkeitswerte gemessen worden waren. Damit ist eine wichtige Differenzierung zwischen normalem, unschädlichen Ärger und jenem Ärger, der den Organismus belastet und längerfristig pathogen wirkt, möglich. Schließlich wurde kürzlich die Beziehung zwischen Feindseligkeit und Cholesterin in Bezug auf das Verhalten von Adrenalin unter Streß spezifiziert und ein Interaktionseffekt postuliert. Tatsächlich gilt für Männer im mittleren Alter mit starker Feindseligkeit folgender Zusammenhang: Je höher das Gesamtcholesterin im Serum, desto stärker der Adrenalinanstieg unter psychomentalem Laborstreß. Nicht feindselige Männer zeigten die inverse Beziehung - geringe Adrenalinanstiege bei hohen Cholesterinwerten (Suarez, Williams et al., 1991). Die vermutete pathogenetische Bedeutung der Kombination hohes Cholesterin und hohe Katecholamine für die Entwicklung atherosklerotischer Plaques ist inzwischen tierexperimentell nachgewiesen worden (Mikat, Bartolome et al., 1991).

Zusammenfassend ist festzuhalten, daß verhaltensmedizinisch eine Reihe von Mechanismen beschrieben worden sind, die epidemiologisch gefundene Zusammenhänge zwischen Typ A, KA, Feindseligkeit und Ärger auf der einen und Herzkreislaufrisiko auf der anderen Seite erklären können.

Zur Messung von Kontrollambitionen
- Skalenentwicklung

Zur Entwicklung des KA-Meßinstruments wurde zunächst ein Pool aus 220 Items gebildet, die zum größten Teil auf Interviewaussagen von HI-Patienten zurückgingen, die im Rahmen einer Fall-Kontroll-Studie untersucht worden waren (Dittmann, Matschinger und Siegrist, 1985). Alle Items wurden theoretisch abgeleiteten Dimensionen zugeordnet, von 4 unabhängigen Ratern auf Angemessenheit der Zuordnung überprüft, und nach dem Grad der Interrater Konkordanz in eine vorläufige 100-Item Version des Instruments aufgenommen. Im Anschluß an seine Anwendung bei 80 KHK-Patienten und gematchten herzkreislaufgesunden Kontrollprobanden führte eine klassische Itemanalyse zur Auswahl von 44 Items, die 6 Dimensionen des Bewältigungsverhaltens KA repräsentieren:

1.) Bedürfnis nach Anerkennung, Schwierigkeiten mit Kritik
2.) Wettbewerbsstreben, latente Feindseligkeit
3.) Verausgabungsbereitschaft
4.) Perfektionismus, Planungsstreben
5.) Zeitdruck, Ungeduld, Irritierbarkeit
6.) Distanzierungsunfähigkeit

Die kognitiven Konzepte des hoch Kontrollambitionierten deuten auf einen unsicheren Menschen hin. Es ist ein Mensch, der von sich erwartet, alle seine Aufgaben "hundertprozentig" zu lösen. Gelingt ihm dies nicht, so reagiert er emotional, er ist verärgert. Dies ist die Aussage eines Items der Dimension 1 des Konstrukts KA, "Bedürfnis nach Anerkennung". Er ist leicht beim Ehrgeiz zu packen - Dimension 2, "Leistungs- und Wettbewerbsorientierung" - und, zur selben Dimension gehörend: es macht ihm Spaß, gewissen Leuten Fehler nachweisen zu können. Dieses Item gehört zu denen, die die alle Dimensionen begleitende Feindseligkeit messen. Er ist verausgabungsbereit, was durch die Dimension 3 erfaßt wird. Egal was es zu tun gibt, er ist mit Leib und Seele dabei, und gibt es einmal wenig zu tun, so fühlt er sich nicht wohl. Dabei ist er Planungs- und Ordnungsfanatiker, ein Perfektionist. Die Dimension 4 fragt nach dem immer tadellos aufgeräumten Arbeitsplatz und der Assoziation von peinlichster Ordnung mit Erfolg.
Er kommt leicht in Zeitdruck, wird dann unruhig, sogar hektisch, und ist in Gedanken immer schon bei der nächsten Aufgabe (Dimension 5). Distanz zu potentiellen beruflichen Anforderungen kann er nicht herstellen: Wenn eine Sache richtig gut gemacht werden soll, kümmert er sich am besten selber darum. Auch die Distanz zur Berufsrolle gelingt nicht, zuerst kommt die Arbeit,

dann die Familie. Die Arbeit verfolgt ihn in den Abend und nicht selten bis in die Nacht hinein. - Dennoch sagt er möglicherweise von sich, es gehe ihm gut, er fühle sich nicht besonders belastet, habe eigentlich keine Probleme (Dimension 6).

Methodischer Ansatz - Teststatistik

Die Skala zur Messung des Bewältigungsverhaltens Kontrollambitionen besteht aus dem beschriebenen 44-Item-Fragebogen, der nach jenen Kognitionen, Emotionen und Verhaltensgewohnheiten fragt, in denen sich Kontrollambitionen in Bezug auf Arbeitsplatz und berufliche Tätigkeit ausdrücken. Das Bewältigungsverhalten wird unter 6 Aspekten gemessen, die als latente Dimensionen zu betrachten sind. Ihre Eindimensionalität wurde mit Hilfe eines dichotomen logistischen Testmodells überprüft (Dittmann, Matschinger und Siegrist, 1985). Zur Analyse der Faktorstruktur wurde eine konfirmatorische Faktorenanalyse durchgeführt. In Übereinstimmung mit den theoretisch postulierten Faktoren - emotional positiv die Verausgabungsbereitschaft, die zu Beginn und in der Mitte der Bewältigungskarriere dominiert, emotional negativ die Distanzierungsunfähigkeit, die in einem späteren Stadium ansteigen sollte - ergab sich eine 2-faktorielle Struktur. Die Faktoren sind schwach positiv korreliert. Die 2-faktorielle Struktur wurde vielfach repliziert. Sie fand sich recht stabil sowohl in gesunden Populationen, als auch bei Patienten mit KHK, sowie schließlich in einer Längsschnittstudie bei derselben gesunden Population zu 3 Meßzeitpunkten, die 1-3 Jahre auseinanderlagen. Hier zeigte sich auch eine insgesamt zufriedene innere Konsistenz (Cronbach's Alpha) und eine gute Test-Retest-Reliabilität für die Dimensionen wie für die Faktoren (Dittmann, Matschinger und Siegrist, 1985; Matschinger, Siegrist et al., 1986).

Das Verhaltensmuster ist auch über einen Zeitraum von 3 Jahren recht stabil. Dabei ist zu beachten, daß vom Konzept her gewisse Veränderungen zu erwarten sind. Änderungen der Situation - des Anforderungsprofils bzw. der Belohnungen - und Fortschreiten der Bewältigungskarriere sollten sich im Verhaltensmuster niederschlagen. Möglicherweise gehört der Alterseffekt auf KA in diesen Zusammenhang; die durchgängig positiven Assoziationen zwischen Alter und KA mögen ein Hinweis darauf sein, daß im Lauf der Bewältigungskarriere immer mehr Anstrengungen notwendig werden, um den Status zu erhalten, bzw. um ehrgeizigere Ziele zu verfolgen. Es kann sich jedoch auch um einen Kohorteneffekt handeln, der auf unterschiedliche Sozialisationsbedingungen zurückgeht. Nur eine Längsschnittstudie über einen längeren Zeitraum könnte helfen, diese Frage zu klären.

Fragestellung und Hypothesen

Gestützt auf die verhaltensmedizinische Evidenz der Pathogenität von KA für das Herz-Kreislauf-System möchten wir prüfen, ob bei Patienten mit erstem Herzinfarkt erhöhte Kontrollambitionen einen ungünstigen Krankheitsverlauf vorhersagen. Wenn sich die prognostische Bedeutung von KA weiter erhärten ließe, hätte dies Implikationen für die Therapie. Die immer wieder erhobene

Forderung, aus den Ergebnissen der verhaltensmedizinischen Forschung zu Zusammenhängen zwischen psychosozialen Faktoren - hier insbesondere das Verhaltensmuster KA bzw. Typ A - und Erkrankungsrisiken Konsequenzen für präventive und rehabilitative Konzepte zu ziehen, würde erneut unterstrichen.

Gleichzeitig möchten wir, soweit die Anlage der Studie dies erlaubt, zweierlei explorativ untersuchen: 1.) Die postulierten Beziehungen von KA zu Unsicherheit - KA als Strategie, mit sozial induzierter Unsicherheit umzugehen - KA als abhängige Variable -, und 2.) die Beziehung von KA zu Blutdruckreaktivität als einem der die Pathogenität des Verhaltensmusters vermittelnden Faktoren.

Explorativ überprüfen wir zunächst folgende Hypothesen:

1. Kontrollambitionen sind negativ assoziiert mit Schulabschluß und mit Sicherheit des Arbeitsplatzes als Indikatoren sozial induzierter Unsicherheit.

2. Kontrollambitionen sind positiv assoziiert mit Blutdruckreaktivität in einem standardisierten Streßtest.

Unsere zentrale Hypothese lautet:

3. Unrealistisch erhöhte Kontrollambitionen sagen einen ungünstigen Krankheitsverlauf im follow-up vorher; sie sind bei Kontrolle medizinischer Prädiktoren des Krankheitsverlaufs assoziiert mit aortokoronarer Bypass-Operation (ACB), Reinfarkt und Tod aufgrund kardialer Ursache.

Methode

- Stichproben

Für die Überprüfung unserer Hypothesen stehen uns 2 Stichproben von Männern mit erstem Herzinfarkt zur Verfügung, die sich einer stationären Anschlußheilbehandlung (AHB) in der Herzkreislaufklinik in Bad Berleburg unterzogen.
Für die erste Stichprobe (G1) definierten wir folgende Ausschlußkriterien: Alter über 55 Jahre, bereits durchgeführte Bypass-Operation oder Dilatation oder zusätzliche nicht koronare Herzerkrankungen. Die Patienten der ersten Stichprobe nahmen zwischen September 1986 und September 1987 an einer AHB teil. Bedingung war die Bereitschaft, sich während der AHB per Interview und Fragebogen untersuchen zu lassen, sowie sich einem psychomentalen Streßtest zu unterziehen. Wir konnten 78 der zunächst untersuchten 82 Patienten in die Auswertung einbeziehen und nach 5 - 6 Jahren schriftlich nachbefragen. 4 Patienten waren wegen fehlender Werte bei wesentlichen Indikatoren ausgeschlossen worden. Während des follow-up sind 4 Patienten verstor-

ben. Der Rücklauf betrug 82% (N=64 Responder).

Die zweite Stichprobe (G2) unterscheidet sich von der ersten durch ein höheres Durchschnittsalter, da wir in diesem Fall ein Höchstalter von 60 Jahren definierten. Außerdem wurden auch jene Patienten mit erstem HI zugelassen, bei denen kurz nach Krankheitsereignis eine Dilatation oder eine ACB durchgeführt worden waren (Höchstabstand HI - Eingriff 10 Wochen). Rekrutierung der Teilnehmer und Erhebung der Ausgangsdaten fanden zwischen September und Dezember 1990 statt. Von den 48 zunächst rekrutierten Patienten waren schließlich 44 bereit, sich per Interview, Fragebogen sowie auch mittels psychomentalem Streßtest untersuchen zu lassen. Am 2-Jahres follow-up nahmen 80 % (N=36 Responder) teil. Ein Patient dieser Stichprobe verstarb im follow-up.

Vergleicht man die Responder mit den Non-Respondern beider Stichproben, so ergeben sich keine Unterschiede in Bezug auf die in diese Studie einbezogenen psychosozialen und medizinischen Variablen mit Ausnahme des Alters: Non-Responder sind signifikant jünger als Responder (44,5 +/- 6 J versus 48,9 +/- 6 J; $p<.01$).

Wir erhielten von allen Patienten nach Information über die Bestimmungen des Datenschutzes das schriftliche Einverständnis zur Auswertung ihrer Daten für wissenschaftliche Zwecke.

Design und erhobene Indikatoren sind in beiden Studien teilidentisch. So bietet sich für die Überprüfung der Hypothesen eine Zusammenfassung beider Stichproben an, das bedeutet, wir berichten über eine Gesamtgruppe von N=105.

Design und Messung

Wir führten eine Verlaufsstudie durch, bei der die erste Datenerhebung (t1) zu Beginn bzw. während stationärer AHB erfolgte. Dabei erfaßten wir soziodemographische und psychosoziale Variablen, Kontrollambitionen, sowie Indikatoren psychophysiologischer Streßreaktivität und schließlich medizinische Indikatoren der Schwere der Erkrankung. Die Erhebung der follow-up-Daten (t2), d. h. von Indikatoren der Morbidität sowie die Dokumentation der Mortalität, fand 2 bzw. 6 Jahre nach AHB statt.

- Soziodemographische und psychosoziale Indikatoren

Sozialanamnestische Daten wurden von geschulten Interviewern mit Hilfe eines standardisierten Interviews erhoben, das in verschiedenen retrospektiven und prospektiven Studien zum Zusammenhang von Streß und Herz-Kreislauf-Risiko entwickelt wurde. Es enthält die für die Deskription der Stichprobe wichtigen soziodemographischen Basisdaten Alter, Familienstand, Schulabschluß und Berufsausbildung und, neben einer Reihe von Indikatoren chronischer und subakuter

Belastung im beruflichen und privaten Bereich, die nicht in diese Studie einbezogen werden, die Frage nach der wahrgenommenen Sicherheit des Arbeitsplatzes bzw. der beruflichen Perspektive. Während in G1 die Sicherheit des Arbeitsplatzes einzuschätzen ist, wird in G2 nach wahrgenommener Unsicherheit der beruflichen Perspektive gefragt, wobei die entsprechende Bedrohlichkeit der Situation auf einer 7-Punkt Skala einzuschätzen ist.

Niedrigen Schulabschluß und Unsicherheit des Arbeitsplatzes betrachten wir als Indikatoren sozial induzierter Unsicherheit. Angesichts der Bedeutung von Bildung in der modernen Gesellschaft und vor dem Hintergrund der Bildungsexpansion, die Ende der sechziger Jahre einsetzte, erscheint der Hauptschulabschluß vielen mit einem Makel behaftet und ist mit einer Dissonanzerfahrung verbunden, und das möglicherweise gerade dann, wenn der Betreffende beruflich einen höheren Status erarbeitet hat, als vom Schulabschluß her erwartbar. Unsicherheit des Arbeitsplatzes wird von den Betroffenen oft als starke Bedrohung erlebt. Wenn Identität und berufliche Identität nahezu deckungsgleich sind, geht die Verunsicherung besonders tief.

Kontrollambitionen erfassen wir mit Hilfe des bereits beschriebenen Fragebogens, der auf 6 Subskalen das latente Konstrukt mißt. Dabei werden dichotome Antwortskalen mit den Ausprägungen "stimmt"/"stimmt nicht" vorgegeben. Im Anschluß an das Interview wird der Fragebogen dem Probanden vorgelegt mit dem Hinweis, er solle ihn möglichst spontan ausfüllen. Im übrigen sollte keine Kommunikation zwischen Versuchsleiter und Proband stattfinden. Der Versuchsleiter sollte jedoch darauf achten, daß der Fragebogen komplett ausgefüllt wird, so daß fehlende Werte vermieden werden. Eine Zeitbeschränkung besteht nicht.

- Streßreaktivität des Blutdrucks

Etwa in der Mitte der AHB wird in der Zeit nach dem Mittagessen (zwischen 12.3o und 13.3o Uhr) der psychomentale Streßtest durchgeführt. Es handelt sich um eine besonders anstrengende Version der Stroop-Farbwort-Konfliktaufgabe (Siegrist, Dießner et al., 1991). Dabei werden inkongruente Farbworte (Beispiel: das Wort rot ist in grüner Farbe geschrieben) mittels Dia auf einer Leinwand präsentiert, nachdem die Instruktion gegeben wurde, die Farbe zu benennen, und nicht das Wort zu lesen. Während der etwa 5- minütigen Testphase wird die Geschwindigkeit zweimal beschleunigt, bzw. das Tempo wird innerhalb einer Testphase variiert. Zum Schluß wird die Aufgabenschwierigkeit dadurch erhöht, daß bei einem gelegentlich gegebenen Lichtsignal das Wort gelesen werden muß. Während des Tests sowie in der Vorruhe und der Erholungsphase wird ein EKG geschrieben (Extremitätenableitungen I, II, III nach Goldberger). Der Blutdruck wird mittels Sphygmomanometer nach WHO-Kriterien nach 90 Sek. Vorruhe, die auf eine etwa 5-minütige Sitzphase folgen gemessen, dann 4 mal während der Testphase sowie 30, 90 und 150 Sek. nach Beendigung der Aufgabe. Beta-Rezeptorenblocker werden 5 Tage, andere Antihypertensiva oder kardioprotektive Medikamente 2 Tage vor Test abgesetzt nach Absprache mit dem behandelnden Kardiologen.

Die Streßreaktivität des Blutdrucks (Delta-RR) ist definiert als maximale Differenz zwischen der Baseline, das ist der Erholungswert 150 Sek. nach Testende, und dem Blutdruck während der Aufgabe. Die Blutdruckreaktion auf einen standardisierten Laborstressor drückt ein relativ stabiles Merkmal einer Person aus und hat eine hohe Alltagsrelevanz. Labortests besitzen eine gute Test-Retest-Reliabilität, das ermittelte Delta-RR ist ein besserer Prädiktor klinischer Endpunkte als der Gelegenheitsblutdruck, und schließich finden sich Korrelationen mittlerer Größenordnung zwischen Delta-RR im Labor und Blutdruckanstiegen am Arbeitsplatz (Rüddel, Mc Kinney et al., 1986).

- Medizinische Indikatoren

Als prognostisch bedeutsame Indikatoren erfassen wir die maximale Wattleistung, ein Indikator körperlicher Belastbarkeit und die ST-Streckensenkung (ST-Senkung $\leq$ 2mm) unter Belastung als objektives Anzeichen einer Ischämie. Beide Daten werden mittels der bei allen Patienten routinemäßig durchgeführten Fahrradergometrie erhoben. Dabei wird alle 3 Minuten in 25/50 Wattstufen beginnend bei 25/50 Watt die Belastung gesteigert bis die Ausbelastung erreicht oder eines der üblichen Abbruchkriterien erfüllt ist (zunehmende Angina pectoris oder Dyspnoe, ST-Senkung $\leq$ 2mm, höhergradige Rhythmusstörungen oder Blockierungen, muskuläre Erschöpfung).

Als prognostisch relevante Risikoindikatoren berücksichtigen wir zusätzlich Zigarettenrauchen vor dem HI, das Vorliegen eines Hypertonus, sowie die Laborparameter Gesamtcholesterin, Low-density-Lipoprotein (LDL) und High-density-Lipoprotein (HDL) bestimmt zu Beginn der AHB. Schließlich ist die Streßreaktivität des systolischen Blutdrucks (s.o.) als Kontrollvariable einzubeziehen, da ihre prognostische Bedeutung bereits in einem 18-Monats-follow-up an einem Teil der hier untersuchten Stichprobe (s.u.; Siegrist, Dießner et al., 1991) gezeigt werden konnte.

- Kriterien des Krankheitsverlaufs

Der nach 2 bzw. 6 Jahren den Teilnehmern zugeschickte follow-up-Fragebogen erfaßt HI-Rezidive, sowie die Durchführung einer aortocoronaren Bypass-Operation (ACB) bzw. einer perkutanen transluminalen Coronar-Angioplastie (PTCA). Kardiale Todesfälle sind in 2 Fällen in der Herz-Kreislauf-Klinik aktenkundig geworden, in den übrigen Fällen bei Anmahnung des follow up-Fragebogens von den Hinterbliebenen berichtet worden. Wir berücksichtigen zunächst als Kriterium eines ungünstigen Krankheitsverlaufs die Bypass-Operation, die die häufigste einzelne Komplikation darstellt. Das zweite Kriterium ist der Index "kardiales Ereignis", in den Reinfakt, Bypass-Operation und Tod aufgrund kardialer Ursache eingehen. Die PTCA - wie die Bypass-Operation eine revaskularisierende Maßnahme - wird nicht als Endpunkt berücksichtigt, da sie nicht im selben Maß Rückschlüsse auf eine Progression der Grunderkrankung zuläßt.

- Datenanalyse
Univariate Zusammenhänge mit dem dichotomen Kriterium werden für intervallskalierte Daten mittels T-Test untersucht, Zusammenhänge zwischen je 2 intervallskalierten Variablen mittels Pearson-Korrelation. Die Beziehung zwischen dem ordinalskalierten Schulabschluß und KA wird varianzanalytisch aufgeklärt. Um zu überprüfen, ob Kontrollambitionen auch nach Kontrolle des Alters und der verschiedenen medizinischen Indikatoren der Schwere der Erkrankung bzw. des Risikos noch signifikante Effekte auf den Krankheitsverlauf machen, wenden wir die Verfahren der Diskriminanzanalyse und der logistischen Regression an.

Zur Durchführung der statistischen Analysen benutzen wir das SPSS in der Version SPSS for Windows (release 5.0.2) für Kleinrechner (SPSS, 1990). Nur die logistische Regression wird im Rahmen des General Linear Model (GLIM) der Royal Statistical Society (London) durchgeführt.

Ergebnisse - Deskription der Stichprobe
Zunächst möchten wir auf gewisse Unterschiede in den beiden schließlich zusammengefaßten Teilstichproben hinweisen (**vgl. Tab. 1**). Die erste der von uns untersuchten Gruppen (G1, N=68) mit 5 - 6 J follow-up ist im Durchschnitt 4 1/2 Jahre jünger als Gruppe 2 (G2, N=37) mit 2 J follow-up.
In G1 finden wir etwas häufiger als in G2 einen mittleren und höheren Schulabschluß und auch die entsprechend höhere berufliche Qualifikation. In beiden Gruppen ist die überwältigende Mehrheit verheiratet (je um die 90 %). In G1 liegt die maximale körperliche Belastbarkeit (Wattleistung im Belastungs-EKG) etwas höher als in G2, eine ST-Streckensenkung als Indikator myokardialen Sauerstoffmangels kommt seltener vor. Mittlere LDL- und HDL-Werte weisen auf das erwartete atherogene Lipidprofil hin. Mehr als 50 % der Patienten sind mindestens leicht übergewichtig, nahezu 60 % haben bis zum HI Zigaretten geraucht. Bluthochdruck, häufiger in G2 als in G1, liegt insgesamt in 44 % der Fälle vor. Die mittlere Streßreaktivität des systolischen Blutdrucks liegt bei 31 (+/- 14) mm Hg.

Bei G2 finden wir, entsprechend den weniger strengen Ausschlußkriterien, daß bereits 5 Patienten vor Studienbeginn einen ACB erhielten und bei 8 Patienten eine PTCA durchgeführt worden war. Da dies jedoch keinen Effekt auf den Endpunkt "ACB während follow-up" macht, können wir G1 und G2 zur Gesamtgruppe (GS, N=105) zusammenfassen.
Der von uns untersuchte Endpunkt "ACB während follow-up" liegt in G1 mit dem längeren follow-up mit 25 % nur geringfügig höher als in G2 mit 22,2 % (**vgl. Tab. 2**). In der Gesamtgruppe erhielten 24 % der überlebenden Teilnehmer während des follow-up eine Bypass-Operation. Die 8 Reinfarkte traten alle in G1 auf. Mindestens ein kardiales Ereignis (Reinfarkt, Bypass-OP, kardialer Tod) lag bei 32 Patienten vor. Eine PTCA wurde wesentlich häufiger in G2 als in G1 durchgeführt, was vermutlich die Ausbreitung dieses Verfahrens zwischen 1986 (Studienbeginn G1) und 1990 (Studienbeginn G2) widerspiegelt. Die Endpunkte Bypass-Opera-

	Gruppe 1	Gruppe 2	Gesamtgruppe
	(n = 68)	(n = 37)	(n = 105)
Alter (M, SD)	46,9 ± 5,3	52,6 ± 6,7	48,9 ± 6,4
verheiratet	88,2%	91,9%	89,5%
> Hauptschulabschluß	58,8%	35,1%	50,5%
max. Wattleistung im Bel.-EKG (M, SD)	151 ± 36	143 ± 34	149 ± 36
ST-Senkung im Bel.-EKG	13,2%	18,9%	15,2%
LDL (M, SD)	182,6 mg/dl ± 51,7	164,2 mg/dl ± 40,6	176,4 mg/dl ± 48,8
HDL (M, SD)	36,8 mg/dl ± 7,7	38,2 mg/dl ± 8,3	37,3 mg/dl ± 7,9
Bluthochdruck	38,8%	54,0%	44,2%
Rauchen bis HI	58,8%	54,1%	57,1%

Tab. 1 : Beschreibung der Stichproben

	Gruppe 1	Gruppe 2	Gesamtgruppe
	(n* = 64-68)	(n* = 36-37)	(n = 100-105)
Reinfarkt	12,5 %	0,0 %	8,0 %
Bypass-OP	23,5 %	21,6 %	24 %
PTCA	14,1 %	33,3 %	21,0 %
Tod aufgrund kardialer Ursache	5,9 %	2,7 %	4,8 %

(* das größere n bezieht die im follow-up Verstorbenen ein. Andere kardiale Ereignisse sind jeweils für das kleinere n bekannt)

Tab. 2 : Kardiale Ereignisse während des follow-up

tion und Reinfarkt sind assoziiert ($p=.008$): Wer operiert worden ist, hat mit größerer Wahrscheinlichkeit einen Reinfarkt erlitten als der nicht Operierte. PTCA und Reinfarkt sind dagegen nicht assoziiert.

Zusammenhänge zwischen Kontrollambitionen und medizinischen Risikoindikatoren

Alter und KA sind unkorreliert. Da in früheren Studien an jüngeren Populationen positive Zusammenhänge gefunden worden waren, betrachten wir die jüngere Stichprobe (G1, N=64) gesondert. Hier finden wir tendenziell positive Korrelationen zwischen den Dimensionen Perfektionismus und Distanzierungsunfähigkeit und dem Faktor Verausgabungsbereitschaft mit Alter ($p=.09$; $p=.1$; $p=.08$).

KA sind weitgehend unabhängig von maximaler Wattleistung im Belastungs-EKG und ST-Streckensenkung unter Belastung; für die Dimensionen Wettbewerbsstreben und Perfektionismus finden sich allerdings schwache negative Zusammenhänge mit Wattleistung ($p=.1$; $p=.1$).

Während KA statistisch unabhängig von Lipoproteinen (LDL, HDL) und Bluthochdruck sind, finden sich schwache positive Assoziationen zwischen den Dimensionen Verausgabungsbereitschaft und Perfektionismus und dem Faktor Verausgabungsbereitschaft mit dem Übergewicht ($p=.07$; $p=.09$; $p=.04$).

Schließlich finden wir, daß jene Patienten, die bis zum HI geraucht haben, signifikant höher liegen auf der Dimension Perfektionismus und dem Faktor Verausgabungsbereitschaft als die Nichtraucher ($p=.03$; $p=.04$).

Univariate Zusammenhänge zwischen Risikoindikatoren und Kriterien des Krankheitsverlaufs

Alter, maximale Wattleistung im Belastungs-EKG, ST-Streckensenkung unter Belastung, Hypertonie, Gesamtcholesterin, LDL, Rauchstatus vor HI und Übergewicht sind nicht mit ACB oder kardialem Ereignis im follow-up assoziiert. Das HDL zu Beginn der AHB liegt jedoch in der Subgruppe mit ACB im follow-up (N=24) signifikant niedriger als in der größeren Gruppe ohne ACB. Die Streßreaktivität des systolischen Blutdrucks ist bei Patienten mit ACB bzw. mit kardialem Ereignis im follow up signifikant erhöht ($p=.02$; $p=.04$).

Betrachten wir die KA, so finden wir positive Zusammenhänge zwischen 3 der 6 Dimensionen und beiden Faktoren mit beiden Endpunkten (**vgl. Tab. 3**).

Es finden sich für Perfektionismus wie auch für die Dimensionen und die Faktoren Verausgabungsbereitschaft und Distanzierungsunfähigkeit deutliche und signifikante Zusammenhänge mit beiden Kriterien (Ausnahme: für Perfektionismus und ACB ist $p=.08$). Bester Prädiktor von ACB ist bei univariater Betrachtung die Dimension Verausgabungsbereitschaft, bester Prädiktor eines kardialen Ereignisses der gleichnamige Faktor.

	ACB		kardiales Ereignis	
	T	p	T	p
Verausgabungs-bereitschaft	-2,90	0,005	-2,40	0,019
Perfektionismus	-1,78	0,078	-2,32	0,022
Distanzierungs-unfähigkeit	-2,20	0,030	-2,16	0,033
Faktor Verausgabungs-bereitschaft	-2,78	0,007	-2,16	0,011
Faktor Distanzierunfä-higkeit	-2,01	0,047	-2,01	0,047

Tab. 3 : Univariate Zusammenhänge zwischen Kontrollambitionen und Morbidität im follow-up (T-Test)

Überprüfung der Hypothesen

Zu Hypothese 1: Die Annahme eines Zusammenhanges zwischen KA und sozial induzierter Unsicherheit wird bestätigt. Betrachten wir den Indikator Schulabschluß, so finden wir für die Subgruppe mit Hauptschulabschluß (N=50) auf allen 6 Dimensionen signifikant höhere Werte (alle p-Werte zwischen .04 und .05) als für jene mit höherem Schulabschluß. Damit sind auch beide Faktoren signifikant negativ mit dem Schulabschluß assoziiert, wobei die Assoziation mit Verausgabungsbereitschaft am deutlichsten ausfällt. Dies gilt auch dann, wenn man den Schulabschluß nicht dichotomisiert, sondern die Rangreihe von Hauptschul- über Real- und Fachoberschulabschluß bis hin zum Abitur varianzanalytisch untersucht (F=5.6, p=.001).

Die Annahme, daß wahrgenommene berufliche oder Arbeitsplatzunsicherheit mit erhöhten KA einhergehen sollte, ist für beide Teilstichproben gesondert zu überprüfen, da die entsprechenden Interviewfragen unterschiedlich formuliert und skaliert worden sind (s.o.). In der jüngeren Gruppe (G1, N=68) finden wir signifikant höhere Werte auf den Dimensionen Bedürfnis nach Anerkennung (p=.000) und Distanzierungsunfähigkeit (p=.04), sowie tendenziell erhöhtes Wettbewerbsstreben (p=.09). Auch Perfektionismus ist hier leicht erhöht (n.s.). In der älteren Gruppe (G2, N=37) ist es ebenfalls das Bedürfnis nach Anerkennung, das mit dem Indikator einer unsicheren und bedrohlichen beruflichen Perspektive am stärksten assoziiert ist (p=.05). In dieser Gruppe findet sich darüberhinaus nur noch ein schwacher Zusammenhang zwischen der Dimension Zeitdruck/Ungeduld und unsicher/bedrohlicher beruflicher Perspektive (p=.1).

Zu Hypothese 2: Entgegen unserer Erwartung finden wir keine Zusammenhänge zwischen Dimensionen bzw. Faktoren von KA und der Reaktivität des systolischen Blutdrucks (Delta RRs). Die Reaktivität des diastolischen Blutdrucks ist dagegen bei hoch Kontrollambitionierten erhöht. Delta RRd korreliert positiv mit Wettbewerbsstreben und Dimension und Faktor Distanzierungsunfähigkeit (**vgl. Tab. 4**).

Zu Hypothese 3: Abschließend überprüfen wir unsere zentrale Annahme, daß unrealistisch erhöhte KA bei Kontrolle medizinischer Prädiktoren des Krankheitsverlaufs einen ACB oder ein kardiales Ereignis im follow-up vorhersagen.

Die erneute, diesmal multivariate Überprüfung der medizinischen Prädiktoren bestätigt das Ergebnis der univariaten Analysen, daß einzig die Streßreaktivität des systolischen Blutdrucks und das erniedrigte HDL signifikant mit den Kriterien assoziiert sind. Das LDL wird jedoch bei diskriminanzanalytischer Betrachtung der Gruppe mit bzw. ohne ACB im follow-up auch noch tendenziell bedeutsam (p=.09). Bypass-Operierte lassen sich diskriminanzanalytisch von im follow-up nicht Operierten am besten durch folgende Kombination von Prädiktoren unterscheiden: systolische Streßreaktivität (p=.01), Verausgabungsbereitschaft (Faktor; p=.04) und LDL (p=.09). Mit diesem Modell werden 73,1 % der Fälle korrekt klassifiziert. Patienten

Delta RRd

	r (Pearson)	p
Wettbewerbsstreben	0,30	0,003
Distanzierungsunfähig-keit	0,18	0,07
Faktor Distanzierungs-unfähigkeit	0,25	0,01

Weder bei den Dimensionen noch bei den Faktoren ergaben sich Zusammenhänge mit Delta RRs

Tab. 4 : Korrelationen zwischen Kontrollambitionen und Blutdruckreaktivität

mit kardialem Ereignis im follow-up lassen sich von Patienten ohne kardiales Ereignis diskriminanzanalytisch am besten unterscheiden, wenn systolische Streßreaktivität (p=.02) und Distanzierungsunfähigkeit (Dimension; p=.04) mit HDL (n.s.) kombiniert werden.

Schließlich wenden wir das Verfahren der logistischen Regression an, welches erlaubt, das relative Risiko für das Eintreten eines Kriteriums, das mit dem Vorliegen eines als dichotom gesetzten Prädiktors verbunden ist, multivariat einzuschätzen, d. h. bei gleichzeitiger Berücksichtigung weiterer (dichotomisierter) Prädiktoren oder Kontrollvariablen. Im Rahmen der logistischen Regression erweist sich die Dimension Distanzierungsunfähigkeit (erhöhtes Risiko im obersten Tertil) als jenes Element von Kontrollambitionen, das am stärksten mit beiden Kriterien des Krankheitsverlaufs assoziiert ist.
Es besteht ein 3.1-fach erhöhtes relatives Risiko, im follow-up ein kardiales Ereignis zu erleiden, wenn stark ausgeprägte Distanzierungsunfähigkeit vorliegt (**vgl. Tab. 5**). Dies gilt bei Kontrolle von HDL, welches bei kritisch erniedrigten Werten (< 35 mg/dl) mit einem zweifach erhöhten relativen Risiko assoziiert ist und von übermäßiger Streßreaktivität des systolischen Blutdrucks (Delta RRs > 30 mm Hg), die das Risiko um das 2.5-fache ansteigen läßt. Verausgabungsbereitschaft wird in diesem Modell nicht signifikant. Ganz ähnlich stellt sich das Modell zur Vorhersage der Bypass-Operation dar. Hier sind allerdings Blutdruckreaktivität und HDL ein wenig stärker mit dem Kriterium assoziiert als Distanzierungsunfähigkeit, die jedoch immerhin ein 2.8-fach erhöhtes relatives Risiko bedeutet. Auch hier wird Verausgabungsbereitschaft nicht signifikant.

Diskussion

Unsere Daten zeigen die erwartete Evidenz für einen Zusammenhang zwischen Kontrollambitionen und sozial induzierter Unsicherheit. Schulabschluß ist konsistent negativ, die bedrohte berufliche Perspektive positiv mit KA assoziiert. Der soziale Hintergrund von KA wird erneut unterstrichen. Die anstrengende Verhaltensstrategie wird entwickelt, um einen prekären sozialen Status zu kompensieren oder auch zu überwinden. Bei ausgesprägter sozialer Ungleichheit und relativ geringer sozialer Mobilität ist die Gratifikationskrise vorgezeichnet. Auch der schwach positive Zusammenhang mit dem Alter (in G1) sowie der schwach negative Zusammenhang einiger Dimensionen mit maximaler Wattleistung lassen sich in dem Sinn interpretieren, daß KA sich vermutlich als eine Verhaltensstrategie entwickeln, die auf Kompensation erlebter Unsicherheit abzielt.

Reaktivität des systolischen Blutdrucks und KA sind voneinander unabhängig. Die Reaktivität des diastolischen Blutdrucks dagegen korreliert positiv mit Wettbewerbsstreben/Feindseligkeit, der Dimension Distanzierungsunfähigkeit, sowie dem gleichnamigen Faktor. Starke diastolische Reaktivität ist als Spezifikum von KHK -Patienten beschrieben worden (Corse, Mannuck et al., 1982). Angesichts der stärkeren und konsistenteren Zusammenhänge zwischen Dimensionen von

Bypass-Op

	eta	s.e.	Odds ratio	Konfidenz-intervall
Streßreaktivität des systolischen Blutdrucks	1,159	0,5467	3,2	1,1-9,3
HDL	1,131	0,5319	3,1	1,1-8,8
Distanzierungsunfähigkeit	1,046	0,5308	2,8	1,0-8,1
Verausgabungsbereitschaft	ns			

kardiales Ereignis

	eta	s.e.	Odds ratio	Konfidenz-intervall
Streßreaktivität des systolischen Blutdrucks	0,9292	0,5063	2,5	0,9-6,8
HDL	0,7011	0,4963	2,0	0,8-5,3
Distanzierungsunfähigkeit	1,136	0,5000	3,1	1,2-8,3
Verausgabungsbereitschaft	ns			

Tab. 5 : Logistische Regressionen mit Bypass-OP und mit kardialem Ereignis als abhängigen Variablen

Kontrollambitionen und den Kriterien des Krankheitsverlaufs stellt sich die Frage, ob die Reaktivität des Blutdrucks ein entscheidender Mechanismus ist, der die pathogene Bedeutung von KA vermittelt. Es ist jedoch möglich, daß das Testprotokoll eine wesentliche Schwäche aufweist, nämlich die Definition des Ruhewerts 150 Sek. nach Testende als Baseline. Damit wird bei prolongierter Reaktion die Reaktivität unterschätzt, und die prolongierte Reaktion selbst, die ebenfalls als pathogen gilt, kann nicht erfaßt werden.

Unrealistisch erhöhte Kontrollambitionen und Bypass-OP bzw. kardiales Ereignis im follow-up zeigten sich konsistent positiv assoziiert. Bei Kontrolle der bedeutsamen medizinischen Prädiktoren HDL, LDL und Streßreaktivität des systolischen Blutdrucks sind in der Diskriminazanalyse sowohl Verausgabungsbereitschaft als auch Distanzierungsunfähigkeit mit den Kriterien assoziiert. In der logistischen Regression erweist sich dann die Distanzierungsunfähigkeit als das stärker prädiktive Element des Verhaltensmusters, was mit dem theoretischen Modell der Gratifikationskrise kompatibel ist. Die zentrale Hypothese, daß Kontrollambitionen den Krankheitsverlauf ungünstig beeinflussen, wird gestützt.

In einer Hinsicht entsprechen die Ergebnisse jedoch nicht den Erwartungen: Es ist überraschend, daß unter den medizinischen Risikoindikatoren nur Streßreaktivität des Blutdrucks und atherogene Lipide sich als prädiktiv erweisen. In einem 18-Monats-follow-up an der jüngeren Teilstichprobe (G1) hatten sowohl ST-Streckensenkung im Belastungs-EKG als auch maximale Wattleistung univariat und multivariat eine Bypass-Operation vorhergesagt (Siegrist, Dießner et al., 1991). Es ist möglich, daß diese Indikatoren besser geeignet sind zur Vorhersage relativ bald nach AHB auftretender kardialer Ereignisse als zur Vorhersage von Ereignissen, die zu einem späteren Zeitraum auftreten. Es ist bekannt, daß die Dynamik der Grunderkrankung schwer vorhersehbar ist.

Schließlich ist kritsch anzumerken, daß unsere Stichprobe mindestens in einer Hinsicht nicht repräsentativ ist für HI-Patienten des entsprechenden Alters: Die hier untersuchten Patienten gehören vorwiegend mittleren, z.T. höheren Sozialschichten an. Ob KA auch in unteren Sozialschichten dieselbe prognostische Bedeutung zukommt, ist offen.

Die Frage, warum unrealistisch erhöhten Kontrollambitonen eine gewisse prognostische Bedeutung in Bezug auf kardiale Komplikationen nach erstem Herzinfarkt zukommt, möchten wir vorläufig wie folgt beantworten: Der Herzinfarkt löst bei Personen mit unrealistisch hohen Kontrollambitonen eine ausgeprägte Gratifikationskrise aus, da sie in dieser Situation anstelle der erwarteten und sozial plausiblen Belohnung für Verausgabung, Perfektionismus und übermäßiges Engagement die Bestrafung in Form des Herzinfarkts erhalten. Möglicherweise kommt es dadurch zu einer anhaltenden emotionalen Anspannung und sympathoadrenerger in Kombination mit hypophysär-adrenokortikaler Aktivierung mit den entsprechenden herzkreislaufrelevanten Konsequenzen.

Schlußfolgerung

Der hoch Kontrollambitionierte ist vulnerabel. Das zuviel Wollen, das durch unrealistische Kognitionen und Mobilisierung aller Kräfte aufrechterhalten wird, muß irgendwann offen scheitern. Schon lange vorher ist eine hohe Daueranspannung wahrscheinlich, da Entspannung als wertlos und als Zeichen von Schwäche interpretiert werden muß. Wenn es richtig ist, daß spätestens mit dem HI für den hoch Kontrollambitionierten die Gratifikationskrise beginnt, dann ist die Gefahr eines ungünstigen Krankheitsverlaufs groß. Es ist wichtig, den betroffenen Patienten ökonomischere Arten des Umgangs mit Leistungssituationen und damit ökonomischere Arten des Umgangs mit den eigenen Kräften zu vermitteln. Dies zu leisten ist auch Aufgabe der kardiologischen Rehabilitation.

Wir danken den Kollegen und der ärztlichen Leitung der Herz-Kreislauf-Klinik für die Unterstützung unserer Arbeit durch kardiologische Kompetenz, den Wittgensteiner Kuranstalten GmbH für den finanziellen Rahmen, ohne den so aufwendige Verlaufsforschung nicht möglich wäre und nicht zuletzt Bärbel Schlüter, die die follow-up Erhebung organisiert und den Text geschrieben hat.

Literatur

Appels, A. (1990) Mental precursors of myocardial infarction. B. J. Psychiatr. 156: 465-471

Clarkson, T., Manuck, S., Kaplan, J. (1986) Potential role of cardiovascular reactivity in atherogenesis. In: Matthews, K., et al. (eds.) Handbook of stress, reactivity & cardiovascular disease. New York: Wiley & Sons

Corse, C., Manuck, S. et al. (1982) Coronary prone behavior pattern and cardiovascular response in persons with and without coronary heart disease. Psychosom. Med. 44: 449-459

Dittmann, K., Matschinger, H., Siegrist, J. (1985) Fragebogen zur Messung von Kontrollambitionen. In: Allmendinger, J. et al. (Hrsg.) ZUMA-Handbuch sozialwissenschaftlicher Skalen, Teil 2, Bonn: ZUMA

Friedman, M., Ulmer, D. (1984) Treating Type A behavior and your heart. New York: Knopf

Friedman, M., Rosenman, R. (1974) Type A behavior and your heart. New York: Knopf

Friedman, M., Thoresen, C., Gill, J. (1984) Alteration of Type A behavior and reduction in cardiac recurrencies in postmyocardial infarction patients. Am. Heart. J. 108: 237-248

Glass, D., Carver, C. (1980) Environmental stress and the Type A response. In: Singer, J. (ed.) Advances in environmental psychology, Vol. 2, Hillsdale: Erlbaum

Henry, J., Stephens, P. (1979) Stress, health and the social environment. Sociobiologic approach to medicine. New York, Heidelberg, Berlin: Springer

Kop, W. (1994) The predictive value of vital exhaustion in the clinical course after angioplasty. Maastricht: Universitaire Pers

Koskenvuo, M., Kaprio, J. et al. (1988) Hostility as a risk factor for mortalitiy and ischaemic heart disease in men.

Psychosom. Med. 50: 330-340

Matschinger, H., Siegrist, J., Siegrist, K., Dittman, K. (1986) Type A as a coping career - Toward a conceptual and methodologicai redefinition. In: Schmidt, T., Dembroski, T., Blümchen, G. (eds.) Biological and psychological factors in cardiovascular disease. Berlin, Heidelberg: Springer

Mikat, E., Bartolome, J. et al. (1991) Chronic norepinephrine infusion accelerates atherosclerotic lesions development in sand rats maintained on a high cholesterol diet. Psychosom. Med. 53: 211

Münch, R. (1981) Über Parsons zu Weber: Von der Theorie der Rationalisierung zur Theorie der Interpenetration. In: Sprondel, W., Seyfarth, C. (Hrsg.) Max Weber und die Rationalisierung sozialen Handelns. Stuttgart: Enke

Ragland, D., Brand, R. (1988) Type A behavior and mortality from coronary heart disease. N. Engl. J. Med. 318: 65-69

Rosenman, R., Brand, R. et al. (1975) Coronary heart disease in the Western Collaborative Group Study: Final follow up experience of 8 1/2 years. JAMA 233: 872-877

Rüddel, H., Mc Kinney, M. et al. (1986) Reliability of ambulatory blood pressure monitoring and blood pressure response to mental challenge in the laboratory. Auton. Nerv. Syst. (Suppl.) 247

Siegrist, J., Peter, R. et al. (1990) Low status control, high effort at work and ischaemic heart disease. Prospective evidence from blue-collar-men. Soc. Sci. Med. 31: 1127-1134

Siegrist, J., Peter, R. et al. (1991) Psychosocial and biobehavioral characteristics of hypertensive men with elevated atherogenetic lipids. Atherosclerosis 86: 3375-3378

Siegrist, J. (1993) Medizinsoziologische Erkenntnisse zwischen Klinischer Medizin und Public Health. Öffentliche Antrittsvorlesung an der Heinrich-Heine-Universität Düsseldorf

Siegrist, K., Dießner, B., Jürgensen, R., Halhuber, C. (1991) Erhöhte Streßreaktivität und damit assoziierte Schlafstörungen als Prädiktoren des Kreislaufverhaltens nach erstem Herzinfarkt. Herz Kreislauf 23: 156-162

Siegrist, K. (1992) States of critical coping before and after myocardial infarction. Second international congress of behavioral medicine, Hamburg, Vol. of abstracts p. 155

SPSS incorporated (1990) SPSS reference guide. Chicago

Suarez, E., Williams, R. (1989) Situational determinants of cardiovascular and emotional reactivity in high and low hostile men. Psychosom. Med. 51: 404-418

Suarez, E., Williams, R. et al. (1991) Biobehavioral basis of coronary-prone behavior in middle-aged-men: Part II: Serum cholesterol, the Type A behavior pattern, and hostility as interactive modiulates of physiological reactivity. Psychosom. med. 53: 529-537

Weber, M. (1965) Die protestantische Ethik und der Geist des Kapitalismus. München, Hamburg: Siebenstern

Williams, R., Lane, J. et al. (1982) Type A behavior and elevated physiological and neuroendocrine responses to cognitive tasks. Science 218: 483-485

Williams, R., Barefoot, J. Haney, T. (1988) Type A behavior and angiographically documented coronary atherosclerosis in a sample of 2289 patients. Psychosom. Med. 50: 139-152

Williams, R., Suarez, E. et al. (1991) Biobehavioral basis of coronary prone behavior in middle-aged med: Part I: Evidence for chronic SNS activation in Type A's Psychosom. Med. 53: 517-528

Kontrollüberzeugungen und subjektives Wohlbefinden: Ein Vergleich von vier Stichproben mit unterschiedlicher Betroffenheit durch eine Krebserkrankung

Dieter Ferring und Sigrun-Heide Filipp

Kaum ein Konstrukt hat soviel an Forschungsaktivitäten ausgelöst wie das des *locus of control of reinforcement*, das im deutschsprachigen Bereich als generalisierte Kontrollüberzeugung eingeführt worden ist und für die Erwartungen einer Person steht, die auf ihr Verhalten folgenden Bekräftigungen selbst- vs. fremdkontrolliert zu erleben. Die Operationalisierung dieser differentialpsychologischen Kategorisierung nach internalen und externalen Kontrollüberzeugungen war in den letzten Jahren Entwicklungen ausgesetzt, die sich zum einen auf eine Konstruktdifferenzierung zum anderen auf die Formulierung bereichsspezifisch eingegrenzter Kontrollüberzeugungen beziehen (z.B. Krampen, 1989). Letzteres ist insbesondere auf den Gebieten der sozialpsychologischen und gerontologischen Forschung (Baltes und Baltes, 1986) wie auch auf dem Gebiet der Gesundheitspsychologie (Schwarzer, 1990) zu verzeichnen. So konnte für gesundheitsbezogene Kontrollüberzeugungen gezeigt werden, daß diese mit einer Vielzahl von gesundheitsbezogenen Verhaltensweisen korrelieren (die Streubreite dieser Verhaltensweisen reicht dabei von "Gewichtskontrolle" bis hin zum "Anlegen von Sicherheitsgurten beim Autofahren", um hier nur zwei Kriterien zu nennen, (vgl. Ferring und Filipp, 1989),.

Welche Bedeutung gesundheitsbezogenen Kontrollüberzeugungen im Umfeld der Auseinandersetzung mit schweren körperlichen Erkrankungen zukommt, soll im Rahmen des vorliegenden Beitrags diskutiert und anhand von Daten aus dem Projekt "Elemente subjektiver Krankheitstheorien"[1] (Filipp, Aymanns, et al., 1987) beschrieben werden. Im Rahmen dieses Projektes wurden drei verschiedene Zielsetzungen verfolgt. Zum einen sollte eine Beschreibung subjektiver Theorien über Krebs in verschiedenen Stichproben mit unterschiedlicher subjektiver Betroffenheit geleistet werden, um so Unterschiede in thematischem Gehalt, strukturellen Merkmalen und angenommener Funktionalität der Theorien zu eruieren. Zum anderen sollten innerhalb der berücksichtigten Stichproben interindividuelle Unterschiede in den subjektiven Theorien über Krebs beschrieben und in bezug gesetzt werden zu demographischen, motivationalen und krankheitsbezogenen Daten. Drittens sollte eine Differenzierung von krebsbezogenen Theorieninhalten gegenüber anderen Krankheitsbildern geleistet werden.

Gesundheitsbezogene Kontrollüberzeugungen wurden im Rahmen dieser Projektfragestellungen als motivationale Dispositionskonstrukte gefaßt, denen potentiell ein Einfluß auf krankheitsbezogene Theorieninhalte zugeschrieben werden kann. Die Rekonstruktion des Inhaltsbereiches krankheitsbezogener subjektiver Theorien kann hier nicht detailliert dargestellt werden; stichwortartig

---

1 Gefördert durch das Bundesministerium für Forschung und Technologie von 1987 bis 1991

lassen sich als Rekonstruktionselemente subjektiver Theorien - wie sie innerhalb des Projektes Berücksichtigung fanden - nennen: 1.) Krankheitsbezogene Assoziationen, Metapher und Bilder, 2.) Annahmen über das Wesen von Krebspatienten 3.) Annahmen über die Verursachung von Krebs, 4.) Annahmen über die Folgen einer Krebserkrankung (kausale Erklärungen), 5.) Annahmen über die Sinnhaftigkeit von Krebserkrankungen (teleologische Erklärungen), 6.) Annahmen über den adäquaten Umgang mit Krebspatienten, 7.) Annahmen über den adäquaten Umgang mit Krebs.

In dem vorliegenden Beitrag soll einer Fragestellung nachgegangen werden, die bisher im Rahmen der Erforschung gesundheitsbezogener Kontrollüberzeugungen kaum Beachtung gefunden hat. Es soll geprüft werden, inwiefern sich Menschen mit unterschiedlicher subjektiver Betroffenheit durch eine Krebserkrankung in den Annahmen bezüglich der Kontrollierbarkeit dieser Erkrankung unterscheiden. Dabei sollen Krebspatienten, deren Angehörige, medizinisches Pflegepersonal und Personen, die keinen persönlichen Kontakt zu Krebspatienten haben, miteinander verglichen werden und anschließend geprüft werden, inwieweit Kontrollüberzeugungen innerhalb dieser Gruppen Bedeutsamkeit für das emotionale Befinden aufweisen.

Personenstichprobe

Im Rahmen des Projektes "Elemente subjektiver Krankheitstheorien" (EST-Projekt) wurden als Untersuchungsteilnehmer sowohl Krebspatienten wie auch andere Personengruppen, die sich im Ausmaß ihrer subjektiven Betroffenheit sowie in der Qualität krankheitsbezogener Erfahrung unterscheiden, einbezogen. Die Betrachtung unterschiedlicher Personengruppen sollte Hinweise darauf geben, in welchen Aspekten subjektiver Krankheitstheorien und krankheitsbezogener Vorstellungsbilder sich diese Gruppen unterscheiden; es sollte zudem die Frage verfolgt werden, inwieweit Universalien in solchen subjektiven Theorien erkennbar und als sozial geteilte, im impliziten Konsens aufgebaute Deutungsmuster von Krebserkrankungen rekonstruierbar werden (Filipp, 1990).

Wie bereits angesprochen, wurde bei der Abbildung der subjektiven Betroffenheit nach der unmittelbaren persönlichen Betroffenheit differenziert, die den *Patienten* auszeichnet, und unterschiedlichen Graden von "stellvertretender" Betroffenheit, wie sie *Angehörige* von Krebspatienten, aber auch Personen auszeichnen, die mit Krebserkrankungen aufgrund ihrer professionellen Rolle konfrontiert sind (*Medizinisches Pflegepersonal*). Als Kontrollgruppe wurden schließlich solche Personen berücksichtigt, die weder aufgrund persönlicher Erfahrungen noch aufgrund professioneller Kontakte bislang mit Krebserkrankungen konfrontiert waren (*Nichtbetroffene*). Das wesentliche Merkmal, hinsichtlich dessen die Gruppen variieren, stellt somit das Ausmaß der subjektiven Betroffenheit dar und - damit konfundiert - das Ausmaß an krankheitsbezogenem Wissen. Die Gesamtstichprobe, die dem EST-Projekt zugrundeliegt, umfaßt $N=622$ Personen mit unterschiedlicher Betroffenheit durch eine Krebserkrankung. Die Größe der vier Substichproben

wie auch eine Beschreibung anhand ausgewählter demographischer Charakteristika ist **Tab. 1** zu entnehmen.
Hier wird ersichtlich, daß das medizinische Pflegepersonal die "jüngste" Gruppe darstellt gefolgt von den Nichtbetroffenen, den Angehörigen und den Patienten. Hinsichtlich der Geschlechtsgruppenzugehörigkeit weist diese Gruppe mit 81,3 Prozent den höchsten Anteil an Frauen auf. Das Verhältnis ist in der Gesamtstichprobe allerdings ausgeglichen. 50,8 Prozent der Gesamtstichprobe sind verheiratet oder leben mit einem festen Partner; 22,5 Prozent der Stichprobe sind ledig. Mit Blick auf die (hier nicht aufgeführte) Erwerbssituation ist festzuhalten, daß der Großteil der Stichprobe (65,3 Prozent) berufstätig ist; 10,7 Prozent sind berentet. Bezüglich des Schulabschlusses zeigt sich, daß 32 Prozent einen mittleren und 20,8 Prozent einen höheren Schulabschluß aufweisen; der Bildungstand ist damit als relativ hoch zu veranschlagen, was insbesondere auf die Verteilung des Schulabschlusses innerhalb der Nichtbetroffenenstichprobe zurückzuführen ist. Um zu prüfen, ob stichprobenspezifische Verteilungen der soziodemographischen Charakteristika einen Effekt auf die erfaßten Merkmale subjektiver Krankheitstheorien haben, wurde für die im folgenden beschriebenen Variablen geprüft, ob sie bedeutsam mit den soziodemographischen Charakteristika kovariieren. Mögliche Effekte der Stichprobenmerkmale wurden damit einer *statistischen Kontrolle* unterworfen, da aus forschungspraktischen und -ökonomischen Erwägungen eine empirische Kontrolle der Verteilung soziodemographischer Variablen zwischen den vier Stichproben nicht zu realisieren war.

Merkmalsstichprobe

Neben dem Interview als eine Methode der Erfassung subjektiver Krankheitstheorien bei den Patienten (vgl. Freudenberg und Filipp, 1991) sind im Rahmen des EST-Projektes mehrere Fragebogenverfahren zum Einsatz gekommen, die den folgenden thematischen Schwerpunkten zuzuordnen sind: 1.) Motivationale Dispositionskonstrukte, 2.) Inhalte subjektiver Krankheitstheorien und 3.) Merkmale affektiver Gestimmtheit als Korrelate von Elementen subjektiver Krankheitstheorien. Zudem wurden in den vier Stichproben mit unterschiedlicher Nähe zu und Betroffenheit durch eine Krebserkrankung ausführliche demographische Fragebogen vorgegeben, auf die im weiteren allerdings nicht mehr eingegangen wird.
Gesundheitsbezogene Kontrollüberzeugungen: Der Fragebogen zur Erfassung gesundheitsbezogener Kontrollüberzeugungen (FEGK). Fragebogenverfahren zur Erfassung der generalisierten Erwartung einer Person, die auf ihr Verhalten folgenden Bekräftigungen als selbst- vs. fremdkontrolliert wahrzunehmen, liegen in einer Vielzahl vor (Krampen, 1989). Neben der Abbildung generalisierter Handlungsergebnis-Erwartungen wird zudem versucht, Kontrollüberzeugungen auch auf bestimmte Verhaltensbereiche eingegrenzt und spezifisch zu erfassen. Der Fragebogen zur Erfassung gesundheitsbezogener Kontrollüberzeugungen (Ferring und Filipp, 1989) stellt ein solches Verfahren dar. Es soll dazu dienen, gesundheitsbezogene Kontrollüberzeugungen auf den Dimensionen der Internalität und der Externalität zu beschreiben. Im Rahmen der EST-Studie wurde dieses Verfahren in bezug auf die Situation eines an Krebs erkrankten Menschen

	Patienten	Angehörige	Pflegepersonal	Nicht-betroffene	Gesamt
N	107	133	123	259	622
Alter (M, SD)	50,19 ± 14,51	43,57 ± 16,03	26,15 ± 7,70	38,31 ± 14,27	39,06 ± 15,68
Geschlecht					
Männer	48	60	23	150	281
Frauen	58	73	100	108	339
Familienstand					
ledig	13	9	39	88	149
verheiratet	72	94	19	127	312
m.Lebenspartner	4	5	7	18	24
verwitwet	5	6	--	9	20
geschieden	6	1	7	12	26
wiederverheitatet	4	3	--	4	11
missing	3	15	51	--	69
Schulabschluß					
keinen	1	1	--	3	5
Hauptschule	44	32	18	54	148
Realschule	19	17	90	17	143
Fachschule	6	12	4	47	69
Abitur	3	14	11	84	112
Fachhochschule	5	9	--	13	27
Universität	2	8	--	38	48
missing	27	40	--	3	70

Tab. 1 : Stichprobenbeschreibung anhand demographischer Charakteristika

modifiziert. Der resultierende Fragebogen für die Patientenstichprobe umfaßt 20 Items, die auf einer sechsstufigen Antwortskala ("völlig falsch" bis "völlig richtig") nach dem Grad der individuellen Zustimmung zu beantworten sind, und die sich a priori den folgenden Dimensionen zuordnen lassen:

1.) Internale gesundheitsbezogene Kontrollüberzeugungen (10 Items; z.B. "Ich kann selbst einiges dazu tun, daß ich wieder gesund werde");
2.) Externale gesundheitsbezogene Kontrollüberzeugungen, die sich auf mächtige andere zurückführen lassen und im vorliegenden Fall vor allem die Möglichkeiten der ärztlichen Behandlung beschreiben (*powerful others*, 5 Items; z.B. "Ob ich wieder gesund werde, hängt zum Großteil vom Können der Ärzte ab");
3.) Fatalistische externale gesundheitsbezogene Kontrollüberzeugungen, die sich auf Faktoren wie Glück, Schicksal zurückführen lassen (*chance*; 5 Items; z.B. "Wie es mit meiner Krankheit weitergeht, ist reine Glückssache").

Für die Vorgabe in den Stichproben der Angehörigen, Nichtbetroffenen und des medizinischen Pflegepersonals sollte das Verfahren mit Blick auf die Situation eines an Krebs erkrankten Menschen bearbeitet werden (z.B. "Ob Krebskranke wieder gesund werden, hängt im wesentlichen vom Können der Ärzte ab"). Innerhalb dieser Stichproben bildet das Verfahren (FEGK-2) Annahmen über die wahrgenommene Kontrollierbarkeit und den Verlauf einer Krebserkrankung ab und konstituiert somit eher ein Element subjektiver Krankheitstheorien.

In **Tab. 2** sind deskriptive und teststatistische Kennwerte der drei Subskalen, die sich in den einzelnen Substichproben ergeben, aufgelistet. Hier zeigt sich, daß alle drei Skalen in den Substichproben der Angehörigen, Nichtbetroffenen und des Pflegepersonals durch zufriedenstellende Kennwerte zu beschreiben sind. Vor allem die Skala "Internalität" weist sehr hohe Konsistenz- und Testhalbierungsreliabilitäten auf. Innerhalb der Patientenstichprobe fällt auf, daß die Skala *chance* durch eher geringe Kennwerte zu qualifizieren ist; die Skala konstituiert sich aus denjenigen Items, welche der individuellen Kontrolle entzogene Faktoren wie Glück, Schicksal, Gott als Einflußfaktoren auf den Krankheitsverlauf thematisieren. Hier fällt auf, daß insbesondere das Item "Mit Gottes Hilfe können auch Schwerkranke wieder gesund werden" im Vergleich zu den anderen Items die geringste Trennschärfe aufweist und die interne Konsistenz der Skala reduziert. Dies kann als ein Hinweis darauf verstanden werden, daß dieses Items im Vergleich zu solchen, die das Schicksal ("Ob man krank bleibt oder wieder gesund wird, ist letztlich eine Frage des Schicksals") oder das Glück ("Wie es mit einer Krebserkrankung weitergeht, ist reine Glückssache") als Einflußfaktoren auf den Krankheitsverlauf thematisieren, innerhalb der Patientenstichprobe eine andere Bedeutungshaltigkeit aufzuweisen scheint.
Ansonsten sprechen die beobachteten Kennwerte dafür, daß alle drei Skalen eine hinreichende psychometrische Qualität aufweisen, um Gruppenvergleiche zwischen den drei Gruppen

Skala[a]	Kennwerte[b]					
	M	SD	a	r_{tt}	r_{tt1}	r_{tt2}
			Patienten			
Internalität	4,78	0,61	0,80	0,60	0,75	0,75
powerful others	4,17	0,84	0,71	0,56	0,72	0,72
chance	3,61	1,01	0,55	0,33	0,50	0,50
			Angehörige			
Internalität	4,45	0,69	0,88	0,76	0,86	0,86
powerful others	3,30	0,67	0,55	0,33	0,50	0,51
chance	2,95	0,93	0,66	0,50	0,67	0,67
			Medizinisches Pflegepersonal			
Internalität	4,10	0,68	0,88	0,76	0,86	0,86
powerful others	3,02	0,73	0,55	0,33	0,50	0,50
chance	3,22	0,78	0,66	0,50	0,67	0,67
			Nichtbetroffene			
Internalität	4,03	0,61	0,86	0,78	0,88	0,88
powerful others	3,30	0,65	0,66	0,48	0,65	0,65
chance	3,01	0,83	0,73	0,58	0,3	0,73

[a] *Powerful others*: Externalität, die auf mächtige andere zurückzuführen ist; *chance*: Fatalistische Externalität

[b] M: Mittelwert; SD: Standardabweichung; a = Cronbachs Alpha; rtt: Testhälftenkorrelation; rtt1 resp, rtt2: Testhälftenkorrelation nach Spearman resp Guttman

Tab. 2 : Testatistische Kennwerte des Fragebogens zur Erfassung krankheitsbezogener Kontrollüberzeugungen in vier Stichproben

durchführen zu können.

Hoffnungslosigkeit, Selbstwertgefühl und Befindlichkeit: Um das subjektive Wohlbefinden der Pbn zu erfassen, wurden mehrere Indikatoren gewählt. Zum einen wurde die Hoffnungslosigkeitsskala nach Krampen (1994) bei allen vier Stichproben eingesetzt. Es handelt sich bei dieser Skala um eine deutsche Übersetzung des von Beck et al. (1974) veröffentlichten Verfahrens. Nach Beck et al. (1974) stellt Hoffnungslosigkeit ein zentrales Charakteristikum depressiver Stimmungslagen dar, das in Zusammenhang mit anderen psychopathischen Zuständen wie auch in der Auseinandersetzung mit schweren körperlichen Erkrankungen (z.B. Filipp, 1992) beobachtet werden kann. Hoffnungslosigkeit steht diesem Autor zufolge für ein System individueller negativer Erwartungen, die sich auf die aktuelle Situation und die Zukunft einer Person beziehen und die herabgesetzte Zielvorstellungen beinhalten (z.B. "Ich kann mir nicht vorstellen, wie mein Leben zukünftig aussehen wird"). Die Hoffnungslosigkeitsskala soll solche negativen Erwartungshaltungen erfassen, wobei jeweils neun der insgesamt 20 Items zur Kontrolle von Antworteffekten eine pessimistische und die restlichen Items eine optimistische Tönung dieser Erwartungen reflektieren. Das Verfahren ist bis dato hinsichtlich seiner Reliabilität und Validität in mehreren Studien mit körperlich erkrankten Menschen überprüft worden (z.B. Ferring, 1987; Filipp, Ferring et al. 1987; Filipp, Klauer et al., 1990) und kann - den Befunden zufolge - als reliables und valides Meßinstrument qualifiziert werden. Auch die Ergebnisse, die im Rahmen des EST-Projektes gewonnen wurden, beschreiben das Verfahren durch zufriedenstellende item- und teststatistische Kennwerte und Validitätskriterien. Anzumerken ist, daß entgegen der Version nach Krampen (1979) im Rahmen des EST-Projektes der zweistufige Antwortmodus durch eine vierstufige Antwortskala mit den Punkten "trifft gar nicht zu" (0) bis "trifft voll und ganz zu" (3) ersetzt wurde.

Als weiterer Indikator des subjektiven Wohlbefindens wurde das individuelle Selbstwertgefühl herangezogen. Hierzu wurde auf die von Rosenberg (1965) erstellte "*Rosenberg-Self-esteem-Scale*" in deutscher Übersetzung zurückgegriffen, die inzwischen in einer Vielzahl von Studien mit unterschiedlichen Personenstichproben zur Anwendung gekommen ist und eine hinsichtlich Reliabilität und Validität gut erprobte Skala darstellt. Die Skala soll die globale Selbstwertschätzung einer Person abbilden, wobei angenommen wird, daß sich die allgemeine Selbsteinschätzung als Summe der Bewertungen einzelner Persönlichkeitsmerkmale darstellen läßt. Das Verfahren umfaßt zehn Items, wobei jeweils die Hälfte negative Aspekte in der Selbstwerteinschätzung (z.B. "Ich fühle mich von Zeit zu Zeit richtig nutzlos") resp. positive Aspekte (z.B. "Ich besitze eine Reihe guter Eigenschaften") umfaßt. Die Items werden auf einer vierstufigen Skala mit den Punkten "trifft gar nicht zu" (0) bis "trifft voll und ganz zu" (3) beantwortet. Entsprechende teststatistische Analysen mit dem Gesamtpunktwert des Verfahrens erbrachten zufriedenstellende Kennwerte.

Die individuelle Befindlichkeit wurde über die teststatistisch gründlich untersuchte und hinreichend validierte Skala Bf-S nach von Zerssen (1976) erfaßt. Die Skala umfaßt 28 Adjektivpaare, die jeweils positive resp. negative Stimmungszustände (z.B. heiter vs. ernst, aufgeschlossen vs. gehemmt) umschreiben und hinsichtlich der individuellen Zustimmung auf einer fünfstufigen Skala beantwortet werden. Die Skala hat sich in mehreren faktorenanalytischen Studien als unidimensional erwiesen; dementsprechend wurde im Rahmen des EST-Projektes ein Gesamtpunktwert gebildet, der positive vs. negative Befindlichkeit indiziert. Die Skala dient im Gegensatz zu der Hoffnungslosigkeits-Skala eher der Erfassung der aktuellen Gestimmtheit und läßt sich allgemein auch durch geringere Test-Retest-Korrelationen beschreiben.

Ergebnisse

Vergleiche zwischen den Substichproben. In **Tab. 3** sind die Ergebnisse der varianzanalytischen Prüfung auf Unterschiede zwischen den einzelnen Substichproben in den auf den Krankheitsverlauf bezogenen Kontrollüberzeugungen abgetragen. Erwartungsgemäß resultieren für alle drei Subskalen signifikante Mittelwertsdifferenzen. Für die Skala *Internalität* zeichnet sich dabei ab, daß die Patienten und Angehörige die höchsten Einschätzungen auf dieser Skala vornehmen und sich statistisch bedeutsam von den Einschätzungen in den beiden anderen Substichproben unterscheiden. In diesen Gruppen liegt somit vergleichsweise akzentuierter die Überzeugung vor, daß Krebspatienten den Verlauf der Erkrankung selbst kontrollieren können.

Betrachtet man die Mittelwerte, die für die Skala *powerful others* resultieren, ergeben sich ebenfalls hochsignifikante Gruppendifferenzen. Auch hier weisen die Patienten die höchsten Werte auf und unterscheiden sich damit von allen anderen Gruppen. Interessanterweise ist die Stichprobe des medizinischen Pflegepersonals bezüglich dieser Fazette der Kontrollüberzeugungen durch den geringsten Mittelwert zu beschreiben und unterscheidet sich damit bedeutsam nicht nur von den Patienten sondern auch von den Gruppen der Angehörigen und Nichtbetroffenen. Die Items dieser Skala, welche die Kontrolle des Erkrankungsverlaufs durch die ärztliche Behandlung abbilden (z.B. "Eigentlich können Krebskranke nur das tun, was ihnen die Ärzte empfehlen"), finden in dieser Gruppe, die sich durch alltäglichen Kontakt mit der ärztlichen Behandlungsroutine zu beschreiben ist, die vergleichsweise *geringste* Zustimmung.

Mit Blick auf die Skala *chance*, welche die Steuerbarkeit der Erkrankung durch Faktoren, die der direkten individuellen Beeinflussung entzogen sind, beschreibt, ergeben sich ebenfalls signifikante Gruppendifferenzen. Hier zeigt sich, daß die Patienten auch bezüglich dieser Kontrollüberzeugung die höchsten Werte aufweisen und sich signifikant von allen anderen Gruppen unterscheiden. Differenzen zwischen den restlichen Gruppen liegen nicht vor.

In der Zusammenschau **Abb. 1.** zeichnet sich damit ab, daß innerhalb der Patientengruppe die vergleichsweise "akzentuiertesten" Vorstellungen hinsichtlich der Kontrollierbarkeit des weiteren Krankheitsverlauf vorherrschen. Dies gilt mit Blick auf Internalität und Externalität, die auf

Gruppe	Kennwerte			
	M	SD	F-Wert	p
		Internalität		
Patienten	4,78	0,61	23,28	0,00
Nichtbetroffene	4,03	0,63		
Angehörige	4,45	0,69		
Pflegepersonal	4,10	0,68		
		powerful others[a]		
Patienten	4,17	0,84	37,47	0,00
Nichtbetroffene	3,30	0,65		
Angehörige	3,30	0,67		
Pflegepersonal	3,02	0,73		
		chance[a]		
Patienten	3,61	1,01	9,29	0,00
Nichtbetroffene	3,01	0,84		
Angehörige	2,94	0,93		
Pflegepersonal	3,22	0,78		

[a] *powerful others*: Externalität, die auf mächtige andere zurückzuführen ist;
chance: Fatalistische Externalität

Tab. 3 : Ergebnisse der varianzanalytischen Testung auf Mittelwertsunterschiede in Kontrollüberzeugungen in Abhängigkeit der Stichprobenzugehörigkeit

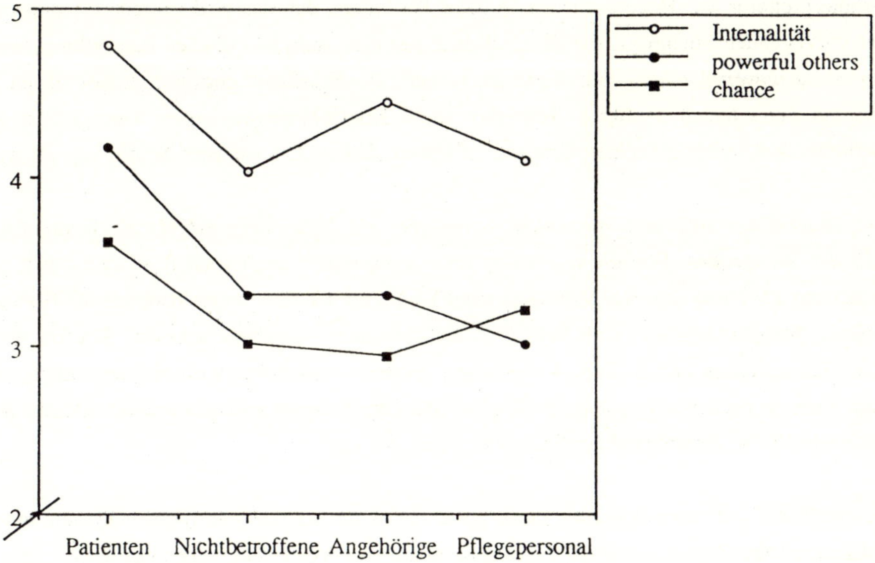

Abb. 1: **Mittelwertverlauf der Einschätzungen zu Internalität, Externalität durch mächtige andere und fatalistische Externalität in den vier Stichproben**

mächtige andere zurückzuführen ist, auch für die Stichprobe der Angehörigen. Pflegepersonal und Nichtbetroffene weisen die vergleichsweise geringeren Mittelwerte auf, was als indikativ für als geringer zu veranschlagende Überzeugungen hinsichtlich der Kontrolle des Krankheitsverlaufs zu interpretieren ist. Hervorzuheben ist dabei besonders, daß das medizinische Pflegepersonal in der vorliegenden Stichprobe die Möglichkeiten der medizinisch-ärztlichen Behandlung, wie sie in der Skala *powerful others* zum Ausdruck kommt, als signifikant geringer veranschlagen als alle anderen betrachteten Gruppen. Inwiefern diese Kontrollüberzeugungen einen Effekt auf die Befindlichkeit in den einzelnen Gruppen aufweisen, soll in dem nächsten Schritt geprüft werden.

Zusammenhänge zwischen Kontrollüberzeugungen und Indikatoren subjektiven Wohlbefindens in den vier Stichproben. Für alle vier Stichproben wurden in einem nächsten Analyseschritt die Korrelationen zwischen den drei Subskalen des FEGK und den Gesamtpunktwerten für Hoffnungslosigkeit, Selbstwertgefühl und Befindlichkeit berechnet; die resultierenden Koeffizienten und Signifikanzniveaus sind in **Tab. 4** abgetragen. In der Gesamtschau wird hier ersichtlich, daß sich zum einen je nach Stichprobenzugehörigkeit und zum anderen auch je nach betrachteter Subskala unterschiedliche Zusammenhangsmuster ergeben.

Innerhalb der *Patienten*stichprobe sind - gemessen an der Anzahl signifikanter Korrelationen - die substantiellsten Zusammenhänge zwischen den auf den Verlauf der Erkrankung bezogenen Kontrollüberzeugungen und den Indikatoren der affektiv-motivationalen Gestimmtheit zu beobachten. Hohe internale Kontrollüberzeugungen gehen mit positiver aktueller Befindlichkeit und positivem Selbstwertgefühl einher wie auch mit einer geringeren Hoffnungslosigkeit. Externalität, die auf mächtige andere zurückzuführen ist, kovariiert nicht bedeutsam mit den gewählten Indikatoren der affektiven Gestimmtheit. Hohe Werte in fatalistischer Externalität hingegen kovariieren bedeutsam mit negativer Befindlichkeit und hoher Hoffnungslosigkeit. Die beiden Externalitätsdimensionen weisen damit unterschiedliche Implikationen für die Befindlichkeit der Patienten auf: ein über die Skala "Externalität durch mächtige andere" zu umschreibendes Vertrauen der Patienten in die medizinischen Behandlungsmöglichkeiten hat keine Konsequenzen für ihre Gestimmtheit, während die Zuschreibung an - der individuellen Steuerbarkeit entzogene - Faktoren (wie Schicksal, Zufall) eher als negativ zu bewertende Konsequenzen aufweist.

In der Stichprobe der *Angehörigen* zeigt sich, daß fatalistische Externalität mit erhöhter Hoffnungslosigkeit einhergeht, während internale Zuschreibungen hinsichtlich der Kontrollierbarkeit der Krankheit mit erhöhtem Selbstwertgefühl kovariieren. Weitere bedeutsame Zusammenhänge sind nicht zu beobachten. Diese Zusammenhänge zeigen sich auch in der Stichprobe der *Nichtbetroffenen;* zusätzlich zeichnet sich hier ab, daß "Externalität durch mächtige andere" in dieser Stichprobe mit positiver Befindlichkeit einhergeht, ein Zusammenhang, der in keiner anderen Stichprobe zu beobachten ist. In der Stichprobe des medizinischen Pflegepersonals lassen sich keine bedeutsamen Beziehungen zwischen Kontrollüberzeugungen und Indikatoren der affektiv-

Skala	**Kontrollüberzeugung**		
	Internalität	*powerful others*	*chance*
Patienten			
Befindlichkeit	0,31**	- 0,03	- 0,35**
Hoffnungslosigkeit	- 0,29*	- 0,08	0,31**
Selbstwertgefühl	0,25*	- 0,01	- 0,03
Angehörige			
Befindlichkeit	- 0,01	- 0,02	- 0,09
Hoffnungslosigkeit	- 0,17	0,03	0,24*
Selbstwertgefühl	0,26*	0,09	0,10
Pflegepersonal			
Befindlichkeit	0,03	0,12	0,07
Hoffnungslosigkeit	- 0,01	- 0,03	0,19
Selbstwertgefühl	- 0,15	0,14	- 0,12
Nichtbetroffene			
Befindlichkeit	0,13	0,28**	0,04
Hoffnungslosigkeit	- 0,28**	- 0,16	- 0,01
Selbstwertgefühl	0,25*	0,14	0,06

Tab. 4 : Korrelationen zwischen Kontrollüberzeugungen und Indikatoren der affektiv-motivationalen Gestimmtheit in vier Stichproben

motivationalen Gestimmtheit beobachten.

Zusammenfassung und Diskussion

Im Rahmen des vorliegenden Beitrages wurden Kontrollüberzeugungen hinsichtlich der Kontrollierbarkeit des Krankheitsverlaufes bei Krebspatienten aus unterschiedlichen Perspektiven betrachtet, indem Personen mit unterschiedlichen Graden der Betroffenheit durch eine Krebserkrankung kontrastierend gegenüber gestellt wurden. Dabei zeigt sich, daß für Patienten mit Blick auf die unterschiedlichen Dimensionen der Kontrollierbarkeit das Prinzip "Hoffnung" vorherrscht, da innerhalb dieser Gruppe auf allen drei Dimensionen - Internalität, Externalität, die auf mächtige andere zurückzuführen ist, und fatalistischer Externalität - ein vergleichsweise hohes Maß an Steuerbarkeit des Krankheitsverlaufes angenommen wird. Innerhalb der Stichprobe der Angehörigen wird dem Patienten im Vergleich zu den Gruppen des Pflegepersonals und der Nichtbetroffenen in einem höheren Ausmaß internale Kontrolle zugeschrieben und auch die Möglichkeiten der medizinischen Behandlung werden hier stärker akzentuiert; fatalistische Externalität ist in dieser Gruppe durch das geringste Ausmaß an Zustimmung zu beschreiben. Für das Pflegepersonal ist festzuhalten, daß in dieser Gruppe die Einflußmöglichkeiten der Patienten wie auch die Möglichkeiten der medizinischen Behandlung im Gruppenvergleich als relativ gering veranschlagt werden. Nichtbetroffene Personen nehmen in einem vergleichbaren Ausmaß mit Blick auf den Patienten eher wenig Möglichkeiten der Kontrolle wahr.

Die Bedeutsamkeit dieser Differenzen wurde in einem nachfolgenden Schritt durch ihre Korrelation zu Indikatoren des subjektiven Wohlbefindens geprüft. Hier wurde ersichtlich, daß insbesondere innerhalb der Patientenstichprobe von einer befindlichkeitsregulativen Funktion der Kontrollüberzeugungen ausgegangen werden kann. Internale Kontrollüberzeugungen gehen mit einer als positiv zu umschreibenden Befindlichkeitssituation einher; Externalität mit bezug auf mächtige andere hat - gemessen an der Signifikanz der Korrelationen - keine Bedeutsamkeit für das individuelle Wohlbefinden, während fatalistische Externalität mit einer als dysphorisch zu qualifizierenden Stimmungslage einhergeht. Für die Gruppe der Krebspatienten bleibt damit festzuhalten, daß innerhalb dieser Stichprobe die Kontrollierbarkeit der Erkrankung - gemessen an der Höhe der jeweiligen Einschätzungen - ein zentrales Thema darstellt, das unterschiedliche Konsequenzen für das subjektive Wohlbefinden aufweist. Dies steht im Einklang mit Befundlagen, in welchen die Bedeutung von personaler Kontrolle für das psychische Befinden von körperlich erkrankten Personen bestätigt wird (z.B. Taylor, 1983; Taylor, Lichtman und Wood, 1984). In der vorliegenden Studie wird der Befund dadurch differenziert, als die Kontrolle, die mächtigen anderen (d.h. den Ärzten) zugeschrieben wird, keine bedeutsame Korrelation zu den Befindlichkeitsindikatoren aufweist.

Auch für die Stichprobe der Angehörigen zeigt sich, daß - zumindest auf den Dimensionen der Internalität und der Externalität, die auf mächtige andere zurückgeführt wird, vergleichsweise hohe Kontrollierbarkeitseinschätzungen erfolgen. Auch für diese Stichprobe kann als Funktion der individuellen Betroffenheit durch die Erkrankung ein - im Vergleich zu Pflegepersonal und Nichtbetroffenen - höheres Bedürfnis nach Kontrolle festgestellt werden. Im Vergleich zu der Patientenstichprobe können diese Einschätzungen als weniger bedeutsam für die individuelle Befindlichkeit eingestuft werden. Die Beurteilungen von Möglichkeiten der medizinischen Behandlung, wie sie in der Skala *powerful others* formuliert werden, korrelieren nicht bedeutsam mit den gewählten Indikatoren des emotionalen Befindens; die Zuschreibung von "Internalität" hat positive Konsequenzen für das Selbstwertgefühl und die Zuschreibung von fatalistischer Externalität geht mit erhöhter Hoffnungslosigkeit einher. Die Befundlage läßt vermuten, daß - gemessen an der Höhe der zugeschriebenen Kontrolle - Angehörige in der Interaktion mit den Patienten Kontrollüberzeugungen in einem vergleichbaren Ausmaß mit diesen teilen, sich letztendlich zwischen den beiden Gruppen jedoch auch Unterschiede im Hinblick auf das Befinden zeigen, das mit diesen Kontrollüberzeugungen einhergeht.

Gerade mit Blick auf die Interaktion mit Krebspatienten sind die Ergebnisse, die sich für die Gruppe des medizinischen Pflegepersonals ergeben, ebenfalls als bedeutsam zu bewerten. Unabhängig davon, ob den Patienten Kontrolle zugeschrieben wird, zeigen sich hier keine Zusamenhänge zu Indikatoren des emotionalen Befindens, zudem sind die Kontrollierbarkeitszuschreibungen in dieser Gruppe als vergleichsweise niedrig einzustufen: Das Pflegepersonal nimmt sowohl mit Blick auf Kontrollmöglichkeiten des Patienten wie auch mit Blick auf Kontrollmöglichkeiten durch die medizinische Behandlung die geringsten Einschätzungen vor. Möglicherweise kommen hier berufliche Sozialisationsfaktoren zum Ausdruck, wogegen allerdings spricht, daß die Stichprobe des Pflegepersonals im Gruppenvergleich durch ein relativ junges Alter zu beschreiben ist. Es bleibt jedoch offen für Spekulation, welche Konsequenzen diese konträren Erwartungshaltungen bei Krebspatienten und Pflegepersonal sowohl für die Interaktion wie auch die Befindlichkeit der Patienten zeitigen kann.

Mit Blick auf die Nichtbetroffenen zeigt sich, daß lediglich in dieser Gruppe, die wahrgenommene Kontrolle durch medizinische Behandlungsmaßnahmen mit positiver Befindlichkeit korreliert ist. Internale Kontrollzuschreibungen gehen mit geringer Hoffnungslosigkeit und positivem Selbstwertgefühl einher. Hier finden möglicherweise motivationale Faktoren ihren Ausdruck, die in der Literatur z.B. als Kontrollmotivation diskutiert werden (z.B. Burger und Cooper, 1979). Menschen sollen dazu tendieren, Kontrolle über real eingetretene und antizipierte belastende Ereignisse wahrzunehmen, um ihr Selbstwertgefühl und ihr Befinden zu regulieren. So soll die Konfrontation mit belastenden Ereignissen bei solchen Personen weniger negative Konsequenzen für das individuelle Befinden aufweisen, wenn diese eine Kontrollierbarkeit über das Ereignis und seine Folgen wahrnehmen. Möglicherweise spielen solche motivationalen Faktoren auch in der Stichprobe der Nichtbetroffenen eine Rolle in der Zuschreibung von Kontrolle an Krebspatienten und erklären so auch die Beziehungen zu den Indikatoren des subjektiven Wohlbefindens.

Zusammenfassend zeigt sich, daß je nach der individuellen Betroffenheit durch eine Krebserkrankung in einem unterschiedlichen Ausmaß Kontrolle über die Folgen der Erkrankung wahrgenommen resp. zugeschrieben wird und diese Zuschreibungen - ebenfalls in Abhängigkeit der Betroffenheit - durch ein differentielles Korrelationsmuster zu Indikatoren des subjektiven Wohlbefindens zu beschreiben sind. Die Befunde belegen damit die Bedeutsamkeit von Kontrollüberzeugungen im Umfeld der Auseinandersetzung mit körperlichen Erkrankungen und sind insbesondere mit Blick auf die Interaktion zwischen Angehörigen und Patienten wie auch zwischen medizinischem Pflegepersonal und Patienten von Bedeutung. Während sich zwischen den ersteren beiden Gruppen z.T. Übereinstimmungen in den Kontrollüberzeugungen beschreiben lassen, liegt für Pflegepersonal und Patienten eine deutliche Diskrepanz vor. Dies verweist auf die Notwendigkeit, der Interaktion von Patienten und Pflegepersonal verstärkt Aufmerksamkeit zukommen zu lassen, und den Effekt solcher "Diskrepanzen" in krankheitsbezogenen Vorstellungen auf ausgewählte Kriteriumsmaße (z.B. des subjektiven Wohlbefindens, der Compliance etc.) zu prüfen. Ansonsten bleibt noch als methodische Kautele hervorzuheben, daß die vorliegenden Befunde einer Erhärtung durch eine längsschnittliche Untersuchung bedürfen, um so eine kausalanalytische Betrachtung und Interpretation zu gewährleisten.

Literatur

Baltes, M.M., Baltes, P.P. (1986) The psychology of control and aging. Hillsdale: Erlbaum

Beck, A.T., Weissman, A., Lester, D., Trexler, L. (1974) The measurement of pessimism: The hopelessness scale. J. Consult. lin. Psychol. 42: 861-865

Burger, J.M., Cooper, H.M. (1979) The desirability of control. Motivation Emotion 3: 381-393

Ferring, D. (1987) Krankheit als Krise des Erwachsenenalters. Zur Rolle von Kausalität und Kontrolle in der Befindlichkeitsregulation. Regensburg: Roderer

Ferring, D., Filipp, S.H. (1989) Der Fragebogen zur Erfassung gesundheitsbezogener Kontrollüberzeugungen (FEGK). Z. Klin. Psychol. XVIII: 285-289

Filipp, S.H. (1990) Subjektive Theorien als Forschungsgegenstand. In: Schwarzer, R. (Hrsg.) Gesundheitspsychologie. Göttingen: Hogrefe

Filipp, S.H. (1992) Could it be worse? The diagnosis of cancer as a prototype of traumatic life events. In: Montada, L., Filipp, S.H., Lerner, M.J. (Eds.) Life crisis and experiences of loss in adulthood. Hillsdale: Erlbaum

Filipp, S.H., Ferring, D., Freudenberg, E., Klauer, T. (1987) Affektiv-motivationale Korrelate von Formen der Krankheitsbewältigung: Erste Ergebnisse einer Längsschnittstudie mit Krebspatienten. Psychother. Psychosom. med. Psychol. 38: 37-42

Filipp, S.H., Klauer, T., Freudenberg, E., Ferring, D. (1990) The regulation of subjective well-being in cancer patients: An analysis of coping effectiveness. Psychol. Health 4: 305-317

Filipp, S.H., Aymanns, P., Ferring, D., Freudenberg, E., Klauer, T. (1987) Elemente subjektiver Krankheitstheorien: Ihre Bedeutung für die Krankheitsbewältigung, soziale Interaktion und Rhabilitation von Krebspatienten. (Forschungsberichte aus dem Projekt "Psychologie der Krankheitsbewältigung" Nr. 15). Trier: Universität Trier

Freudenberg, E., Filipp, S.H. (1991) Das psychologische Interview als Methode der Erfassung subjektiver Krankheitstheorien. (Forschungsberichte aus den Projekt "Psychologie der Krankheitsbewältigung" Nr. 29). Trier: Universität Trier

Krampen, G. (1994) Skalen zur Erfassung von Hoffnungslosigkeit (H-Skalen). Göttingen: Hogrefe

Krampen, G. (Hrsg.) (1989) Diagnostik von Attributionen und Kontrollüberzeugungen. Göttingen: Hogrefe

Rosenberg, M. (1965) Society and the adolescent self-image. Princeton: Princeton University Press

Schwarzer, R. (Hrsg.) (1990) Gesundheitspsychologie. Göttingen: Hogrefe

Taylor, S. (1983) Adjustment to threatening events: A theory of cognitive adaption. Am. Psychologist 38: 1161-1173

Taylor, S., Lichtman, R.R., Wood, J.V. (1984) Attributions, beliefs about control, and adjustment to breast cancer. J. Pers. Soc. Psychol. 46: 489-502

Zerssen v., J. (1976) Die Befindlichkeitsliste. Weinheim: Beltz

Kognitive Einstellungen und Bewältigungsstrategien bei Multipler Sklerose

Sylvia Kotterba und Michael Lasar

Die Neurologie als somatische Wissenschaftsdisziplin stützt sich im Rahmen ihrer Krankheitstheorie auf die Erkenntnis, daß neurologische Syndrome definierbaren strukturellen Organläsionen zuzuordnen sind. Der Begriff der 'Struktur' bezieht sich hierbei auf ein anatomisches, physiologisches oder biochemisches Substrat.
Der Erfassung struktureller Läsionen dienen heute - neben der subtilen klinisch-neurologischen Untersuchung - radiologische Verfahren (z.B. Kernspin- oder Computertomographie), elektrophysiologische Untersuchungen (z.B. Elektroencephalographie, Evozierte Potentiale) und Serum- und Liquorbestimmungen.

Historisch konnte sich die neurologische Wissenschaft als eigenständige medizinische Fachdisziplin nur zögernd entwickeln (vgl. Franz, 1990). In Frankreich und Großbritannien wurde die Neurologie als separates medizinisches Fach bereits seit dem Beginn des 19. Jahrhunderts anerkannt. Die Medizinische Fakultät in Paris errichtete 1882 für Charcot (1825-1893) einen eigenen Lehrstuhl für Nervenkrankheiten. Lange Zeit war die deutsche Neurologie mit der Inneren Medizin verbunden; so leitete z.B. Erb (1840-1921) zuletzt den Lehrstuhl für Innere Medizin in Heidelberg (Scheid, 1983). Zusätzlich bestand eine Verbindung zwischen der Neurologie und der Psychiatrie, die nicht immer ohne Spannungen war. Wissenschaftliche Beiträge der Anatomie und Pathologie hatten schon im 19. Jahrhundert immer stärker die Zuordenbarkeit 'Symptom-Organfunktion' für die Neurologie ermöglicht. Für psychische Symptome konnten derartige Zusammenhänge, außer in Einzelfällen, nicht nachgewiesen werden. Aus diesem Grund gab es neben Vereinendem immer wieder Tendenzen der Loslösung beider Fächer voneinander (Northoff, 1992). Nach der in den 30er Jahren stattgefundenen Zwangsvereinigung beider medizinischer Disziplinen erfolgte nach dem zweiten Weltkrieg zunehmend die Trennung von Neurologie und Psychiatrie.

In jüngerer Zeit gibt es Bestrebungen, eine fachübergreifende 'neuropsychiatrische Denkweise' wiederzubeleben (Northoff, 1992). Mit dieser Denkweise wird das Gehirn als

"... Netzwerk aus verschiedenen, sich überlappenden funktionellen Systemen mit einer inneren Dynamik, einer so genannten "Neurodynamik" angesehen." (a.a.O., S. 36)

Die Bausteine eines solchen Netzwerkes setzen sich mit Northoff (1992) aus dem Affekt, Kognitionen, der Motorik u.a. zusammen. Durch eine Sichtweise, die Netzwerktheorien einschließt, soll die Trennung zwischen den neurologisch als 'strukturell' und psychiatrisch als 'funktionell'

definierten Störungen überwunden werden.
Auf die Tatsache, daß eine Gruppe von Krankheitsbildern Symptome enthalten, die traditionell von beiden Fachrichtungen (Neurologie und Psychiatrie) behandelt wurden, weisen etwa Hales und Yudofsky (1993) hin. Nach Meinung dieser Autoren sorgen derartige Krankheitsbilder für die stärkste Verbindung zwischen den beiden Spezialgebieten, wodurch sich die Notwendigkeit einer neuropsychiatrischen Herangehensweise für die genannten Autoren manifestiert. Beispielhaft sind hier traditionell die Epilepsie und die Multiple Sklerose als Erkrankungen mit interdisziplinärem Spektrum zu nennen.

Multiple Sklerose

Bei der Multiplen Sklerose (MS) handelt es sich um eine chronisch entzündliche Erkrankung des Zentralnervensystems (ZNS). Der Begriff der Chronizität bezieht sich auf den auch im symptomfreien Intervall insbesondere durch Liquoruntersuchungen nachweisbaren Entzündungsprozeß.

Bei geographisch unterschiedlich ausgeprägter Verteilung (Häufung der MS in Zonen mit gemäßigtem Klima) beträgt die Prävalenz in Mitteleuropa 50-60 Betroffene pro 100.000 Einwohnern. Somit stellt die Multiple Sklerose eines der häufigsten neurologischen Krankheitsbilder dar. Die Patienten erkranken bei Überwiegen des weiblichen Geschlechts zumeist erstmalig im Alter zwischen 20 und 45 Jahren. Nach wie vor ist die Krankheitsätiologie unklar. Angenommen werden u.a. schleichend verlaufende virale Infektionen. Weiterhin wird eine genetische Prädisposition als wahrscheinlich diskutiert, da Familienangehörige Betroffener statistisch häufiger erkranken als der Bevölkerungsdurchschnitt. Ein entsprechendes Gen ließ sich bisher jedoch nicht sicher nachweisen. Pathologisch-anatomisch feststellbare Entmarkungsherde im zentralen Nervensystem, die das Gehirn und das Rückenmark betreffen, sowie tierexperimentelle Befunde ('allergische Enzephalitis') führen zu der Hypothese, daß bei der MS eine Autoimmunerkrankung vorliegt. Ein spezifischer Auslöser für diesen 'Selbstangriff' auf das Gewebe ist ebenfalls nach wie vor unbekannt. Auf mögliche Zusammenhänge mit Umweltfaktoren wird als Diskussionsbeitrag hingewiesen (Delank, 1994; Hopf, Poeck und Schliack, 1992).

Da das ZNS an unterschiedlichen Stellen von Entmarkungsherden befallen werden kann, ist die Symptomatik der Multiplen Sklerose sehr vielgestaltig. Zu Krankheitsbeginn finden sich oft Sensibilitäts- und Sehstörungen. Im weiteren Verlauf können Lähmungen, Störungen der Koordination oder vegetative Symptome wie z.B. eine Harninkontinenz hinzutreten. Die zuletzt genannten Störungen können auch Primärsymptome darstellen.

Neben diesen organischen Symptomen werden weiterhin psychopathologische Auffälligkeiten Erkrankter beobachtet und beschrieben (vgl. Payk, 1973). Sie können ebenfalls sowohl als Erstsymptom als auch in der Frühphase oder im fortgeschrittenen Krankheitsstadium festgestellt werden (Lasar und Kotterba, 1992; Steller und Beck, 1987; Stenager und Jensen, 1988). Psychische

Krankheitssymptome, die als charakteristisch für die MS zu definieren wären, fehlen jedoch. Dargestellt wird in der Literatur ein breites Spektrum psychischer Störungen, daß das Vorkommen reaktiv depressiver Verstimmungen und affektiver Psychosen (Manie, endogene Depression), weiterhin paranoid halluzinatorische Psychosen, kognitive Defizite im Wahrnehmungsbereich und hirnorganische Psychosyndrome unterschiedlicher Ausprägung einschließt (Felgenhauer, 1990; Hohner, Horvitz, Li et al., 1987; Joffe, Lippert, Gray et al., 1987; Kohler, Heilmeyer und Volk, 1988; Minden und Schiffer, 1990; Wurthmann Daffertshofer und Hennerici, 1990).

Als krankheitsspezifisches Problem ergibt sich diagnostisch, daß beim Auftreten klinischer Erstsymptome die Diagnose einer MS häufig zunächst gar nicht zu stellen ist. Die Diagnosesicherung ist oftmals erst nach einem längeren Beobachtungsintervall an Hand der geforderten Kombination mehrerer diagnostischer Parameter möglich (Poser, Paty, Scheinberg et al., 1983) **(s. Tab. 1)**. Durch die unterschiedlichen Symptommanifestationen der Erkrankung ist eine prognostische Einschätzung der möglichen Verlaufsform zu Erkrankungsbeginn ebenfalls nicht möglich. Zu unterscheiden sind hierbei chronisch progrediente oder schubförmige Verläufe, mit oder ohne Residuenbildung.

Bewältigung und Multiple Sklerose

Der Krankheitsbeginn bei der Multiplen Sklerose liegt für die meisten betroffenen Patienten in einer Lebensphase, die eigentlich Stabilität erfordern würde (z.B. durch Familienplanung oder berufliche Karriere). Erfahrungsgemäß weckt die Diagnosemitteilung oftmals unweigerlich die Vorstellung einer baldigen Rollstuhlpflicht und das rasche Erreichen völliger Hilflosigkeit. So wird verständlich, daß die Betroffenen von Krankheitsbeginn an und im weiteren Krankheitsverlauf Unterstützung im allgemeinsten Sinne benötigen. Hier sehen wir den Ansatzpunkt, sich auch bei der chronisch neurologischen Erkrankung Multiple Sklerose mit Möglichkeiten und Formen der Krankheitsbewältigung auseinanderzusetzen; dabei ist der Bezug auf interdisziplinäre Konzepte notwendig.

Früh haben Pearlin und Schooler (1978) drei allgemeine Aspekte im Zusammenhang mit dem Bewältigungsverhalten definiert:

1.) Ausschaltung oder Veränderung der Bedingungen, die zu einem Problem geführt haben.
2.) Bewußter Einsatz bisheriger Erfahrungen in Bezug auf das Problem.
3.) Die Eingrenzung emotionaler Konsequenzen eines Problems.

Görres und Mitautoren (1988) fassen unter dem Begriff der Bewältigung ('Coping') - spezieller auf chronische Krankheiten, wie z.B. die MS, bezogen - alle individuellen Bemühungen zusammen, mit denen der Patient "die somatisch-biologischen, die psychischen und die sozialen Folgen seiner Krankheit in seine innere und äußere Realität zu integrieren sucht" (a.a.O., S. 275).

Klinisch sichere MS:

- Zwei Schübe und klinischer Nachweis von zwei getrennten ZNS-Läsionen

- Zwei Schübe und klinischer Nachweis einer ZNS-Läsion sowie paraklinischer (d.h. radiologischer oder elektrophysiologischer) Nachweis einer getrennten Läsion

Laborgestützt sichere MS:

- Zwei Schübe mit klinischem oder paraklinischem Nachweis einer ZNS-Läsion sowie typischer Liquorbefund

- Ein Schub mit klinischem Nachweis von zwei getrennten ZNS-Läsionen und typischer Liquorbefund

- Ein Schub mit klinischem Nachweis einer ZNS-Läsion und paraklinischem Nachweis einer zweiten Läsion sowie typischer Liquorbefund

Tab. 1 : Multiple Sklerose. Diagnosekriterien nach Poser, Paty, Scheinberg et al. 1983

In der jüngeren Vergangenheit wird zudem in verschiedenen Beiträgen gefordert, den wissenschaftlichen Blickpunkt nicht primär auf Einzelaspekte des möglichen Bewältigungsverhaltens zu richten. So weisen Heim und Mitautoren (1983) darauf hin, daß es sich bei der Bewältigung um einen systematischen Prozeß mit verschiedenen Elementen handelt. Die genannten Autoren entwickeln ein so bezeichnetes 'integriertes Modell', das in drei Hauptschritte gegliedert ist (**s. Tab.** 2).

Andere Arbeiten zum Copingverhalten von Patienten mit Multipler Sklerose sehen unterschiedliche innere und äußere Rahmenbedingungen und Faktoren als einflußreich für den individuellen Bewältigungsprozeß an. Es ist festzustellen, daß eine einheitliche Theorie über die bisher genannten Zusammenhänge noch nicht vorliegt. Aus diesem Grunde wird im folgenden Textabschnitt systematisiert auf einige Schwerpunkte der bisher erzielten wissenschaftlichen Ergebnisse zum Thema Bewältigung bei der Multiplen Sklerose eingegangen.

- Soziale Faktoren

In einigen Untersuchungen wird die Familie des Patienten als ein wesentlicher Bezugsfaktor im Rahmen des Bewältigungsverhaltens aufgefaßt (Görres, Ziegeler, Friedrich et al., 1988; Stenager, Knudsen und Jensen, 1991; Teasell, 1993). Es zeigt sich, daß bei MS-Patienten die Tendenz besteht, sich in die Familie zurückzuziehen. Häufig wird die Krankheit des Familienmitglieds als 'gemeinsame Familienaufgabe' angesehen. Neben dem Versuch der Integration der Erkrankung in den gemeinsamen Alltag fühlen sich die Familienmitglieder im Krankheitsverlauf zunehmend verpflichtet, mögliche belastende Ereignisse (Aufregungen, Unannehmlichkeiten u.a.) vom Erkrankten fernzuhalten. Bei chronisch progredientem MS-Verlauf wird das kranke Familienmitglied häufig vollständig von der Fürsorge der anderen abhängig. In diesem ungünstigen Fall bestimmt die MS-Krankheit mit ihren Versorgungsnotwendigkeiten den Tagesablauf. Eine Reihe derartiger Patienten hat Probleme damit, diese bestehende Abhängigkeit zu akzeptieren. Gerade MS-Patienten mit einem höheren Behinderungsgrad schätzen sich in dieser Phase selbst als aktiver und selbständiger ein, als dies von der restlichen Familie getan wird.

Besonders in die Kinder betroffener Familien werden hohe Erwartungen gesetzt. Möglicherweise ist dies als Ausdruck der Kompensation zunehmender eigener Defizite und der Versorgungsansprüche der MS-Kranken anzusehen. Die Kinder erfahren in der Regel einen strengen und autoritären Erziehungsstil und müssen eigene Bedürfnisse zurückstellen (Friedemann und Tubergen, 1987). Trotz der geschilderten veränderten und schwierigen familiären Interaktionen erweisen sich viele betroffene Familien als außerordentlich stabil. Zwar wurde von Ritter (1984) eine höhere eheliche Scheidungsrate von MS-Patienten beschrieben; die zuvor erwähnten wissenschaftlichen Beiträge geben eine vermehrte Tendenz zur Trennung von Ehepartnern jedoch nur an, wenn bereits vor dem Erkrankungsbeginn eines Partners ein starkes Konfliktpotential vorlag.

1. **Wahrnehmung**

1.1 Unbestimmter Eindruck der Veränderung des üblichen Gesundheitsbefindens

1.2 Feststellen einer umschriebenen Veränderung

2. **Kognitive Verarbeitung**

2.1 Beurteilen der Veränderung

2.2 Konsequenzen aus der Bewertung

3. **Bewältigungsformen**

3.1 Handeln (z.B. ablenkende Wunscherfüllung; Aussprache; Aktivität in Abklärung und Verstehen der Erkrankung)

3.2 Kognition (z.B. Krankheit herunterspielen; Ablenkung von der Krankheit; Selbstaufwertung; Analyse der Krankheit; Hinnehmen, was immer die Krankheit bringt)

3.3 Intrapsychisch-emotionale Bewältigung (z.B. Selbstbeherrschung; Aufgabe; Hadern mit dem Schicksal; Schuldzuweisung an die eigene Person)

Tab. 2 : Bewältigung als systematischer Prozeß. Das 'integrierte Modell' von Heim, Augustiny und Blaser 1983

Eine wesentliche Bedeutung im Leben mit der Erkrankung wird weiterhin der Berufstätigkeit zugeschrieben. Das Lebensalter bei Erkrankungsbeginn impliziert, daß zu diesem Zeitpunkt viele der Betroffenen im Berufsleben stehen. Im Ablauf weniger Jahre sind eine Reihe von MS-Patienten arbeitslos bzw. vorzeitig berentet. Da mit der beruflichen Tätigkeit viele Statusaspekte verbunden sind, geraten besonders Männer in dieser Phase in Identitätskrisen (Görres, Ziegeler, Friedrich et al., 1988). Wegen geringer Rentenansprüche ist oftmals eine Vollzeittätigkeit der Ehefrau notwendig, wodurch eine Umkehr traditioneller Rollenauffassungen bewirkt wird. Veränderte Rollenmuster werden von Frauen besser als von Männern akzeptiert. Männer entwickeln hierbei häufiger eine regressive Tendenz und brechen zuvor bestehende soziale Kontakte ab.

- 'Streß-Faktoren'

In einigen Literaturbeiträgen wird 'Streß' als ein maßgeblicher Faktor für die Auslösung eines MS-Krankheitsschubes oder als den Bewältigungsprozeß erschwerend angesehen. Hierbei ist kritisch anzumerken, daß in diesen Beiträgen zumeist keine inhaltliche Auseinandersetzung mit den unterschiedlichen Streßkonzepten erfolgt (vgl. Folkman, 1984; Folkman, Lazarus, Dunkel-Schetter et al., 1986; Pearlin, Menaghan, Lieberman et al., 1981;). Einige der gleich näher vorgestellten wissenschaftlichen Ergebnisse legen die Vermutung nahe, daß in die Argumentationen des 'Streßkonzeptes' hiermit verwandte Theorien, wie das der 'belastenden Lebensereignisse' (Life-Event-Forschung), mit einfließen (vgl. Billings und Moos, 1981; Dohrenwend, 1973; Hobfoll und Walfisch, 1984).

Als von außen an den MS-Kranken herangetragene 'Belastungen' oder 'Stressoren' beschreiben Grant und Mitautoren (1989) Familienkonflikte, schwere Erkrankungen von Familienmitgliedern, größere Probleme am Arbeitsplatz, finanzielle Schwierigkeiten oder Nachbarschaftskonflikte. Als innerlich erlebte subjektive 'Belastungen und Stressoren' der Erkrankten selbst fand Buelow (1991) anamnestisch folgende Angaben: Zukunftsangst, Sorge um den Arbeitsplatz, Mobilitätseinschränkungen und rasche Ermüdbarkeit. Diese Angaben der untersuchten Probanden standen in keinem Zusammenhang mit der Schwere der neurologischen Ausfälle.

Allgemeinere Angaben über den Zusammenhang zwischen 'Streß' und der Multiplen Sklerose weisen darauf hin, daß lebensbedrohliche Situationen wie z.B. Kriegsereignisse oder schwere Verletzungen keine eindeutige Krankheitsverschlechterung bewirken müssen (Nisipeanu und Korczyn, 1993; Sibley, Bamford, Clark et al., 1991). Lebensumstände, die den 'emotionalen Streß' fördern, sollen dagegen die Krankheitsauslösung oder ihre Progredienz mitbedingten können (Bach und Wild, 1990; Warren, Warren und Cockerill, 1991). Jüngere Krankheitstheorien weisen hierbei auf Störungen der psychoimmunologischen Achse im Sinne einer Veränderung des Immunstatus bei (psychogener) Belastung hin (Aschauer, Resch und Aschauer-Treiber, 1990; Foley, Miller, Traugott et al., 1988).

- Individuelle Faktoren der Bewältigung

Die subjektive Krankheitsbewältigung bei MS-Patienten wird in Teilen der jüngeren Literatur unter dem Gesichtspunkt eines schrittweise ablaufenden Prozesses beschrieben. Ritter (1984) unterteilt hierbei vier Phasen:

1.) Zu Krankheitsbeginn steht die Verleugnung, innerhalb derer sich der Patient selbst als unbeeinträchtigt auffaßt und präsentiert.
2.) In der Phase der Krankheitsbetonung wird die Multiple Sklerose bewußt als soziales Kommunikationsmittel im Sinne eines appellativen Charakters genutzt.
3.) In einer Phase der Beschwichtigung wird die eigene Erkrankung zwar zugegeben. Durch Zurückweisung der Krankheitseinschätzung als Behinderung wird jedoch gleichzeitig die Integration in den Alltag angestrebt.
4.) In der Rückzugsphase führt die Krankheit zur Selbstaufgabe und zur psychosozialen Isolation.

Eine vergleichbare Phaseneinteilung wird von Dittmann und Schüttler (1992) vorgenommen. Sie beschreiben als subjektive Bewältigungsstrategien von MS-Kranken a) ein Vermeidungsverhalten, b) eine Phase der Krankheitsanpassung, c) das Bemühen, die Beschwerden durch willensmäßige Anstrengungen zu kompensieren.

Welche Form der subjektiven Krankheitsbewältigung der Patient auswählt und ob er alle in den oben genannten Modellen beschriebenen subjektiven Phasen der Bewältigung durchläuft, hängt neben äußeren Faktoren stark vom Persönlichkeitsprofil bei Krankheitsbeginn ab. Görres und Mitautoren (1988) bezeichnen diese individuellen Faktoren als "subjektive, biographisch geprägte Krankheitsverarbeitung".

Sehr eingehend haben Muthny und Mitautoren relevante subjektive Merkmale im Verlauf und bei der Bewältigung chronischer Erkrankungen untersucht (Muthny, 1992; Muthny, Bechtel und Spaete, 1992). In ihrer Studie zur Laienätiologie und Krankheitsverarbeitung wurden auch 207 MS-Patienten befragt. Es ergab sich, daß MS-Patienten als sogenannte 'globale Ätiologiekonzepte' ihrer Erkrankung in 33% seelische Ursachen und in 49% ein Zusammenwirken von seelischen und körperlichen Krankheitsursachen annahmen und in der Studie nannten.
Als subjektive Bewältigungsfaktoren dieser Patientengruppe wurden 'Kampfgeist', 'Trost in der Religion' oder 'Selbstermutigung' festgestellt.

Im Vergleich mit Patienten anderer Diagnosegruppen (Herzinfarkt-, Krebs-, Dialysepatienten) ergaben sich bei MS-Kranken weitere spezifische Ergebnisse: das 'Können der Ärzte' schätzten sie bezogen auf ihre Erkrankung deutlich geringer ein als die übrigen Patienten. Einen höheren Wert erzielten die MS-Patienten im Gruppenvergleich in Bezug auf einen 'depressiven Verarbeitungsmodus' ihrer Grunderkrankung. Die festgestellte Depressivität der MS-Kranken korrelierte hierbei, wie in anderen Studien, nicht mit der Dauer und dem Schweregrad der MS-Erkrankung (Garfield, 1985; Minden und Schiffer, 1990). Anzumerken ist hierbei, daß neben der möglichen Psychogenese der festgestellten Depressivität bei MS-Erkrankten auch somatische Ursachen dieser psychopathologischen Auffälligkeit diskutiert werden (z.B. demyelinisierende ZNS-Herde im limbischen System (Schiffer und Babigan, 1984).

- Kontrollüberzeugungen und individuelle Krankheitsbewältigung

Parkes (1984) bezeichnete den Zusammenhang zwischen subjektiven Strategien der Krankheitsbewältigung und individuellen Kontrollüberzeugungen als 'evident'.

Im Gegensatz zu kognitiven Wahrnehmungsprozessen (z.B. Aufmerksamkeit und Informationsverarbeitung) stellen Kontrollüberzeugungen ('locus of control') eine kognitive Variable des Denkens dar. Es handelt sich bei Kontrollüberzeugungen um subjektive gedankliche Einstellungen, die auf die individuelle Handlung hin folgenden Bekräftigungen selbst- oder fremdkontrolliert zu erleben. Der eintretende Erfolg oder Mißerfolg einer Handlung ('Bekräftigung') kann in diesem Sinne einmal individuell eigenen Fähigkeiten und Fertigkeiten zugeschrieben werden. Diese kognitive Einstellung wird als Internalität bezeichnet. Erfolg oder Mißerfolg einer Handlung können andererseits als durch äußere Faktoren bedingt aufgefaßt werden (Externalität). Im Rahmen der Externalität werden zwei Untergruppen differenziert: a) andere Menschen als äußere Faktoren (personenbezogene oder soziale Externalität) und b) äußere Merkmale und Umstände wie Glück oder Schicksal (fatalistische Externalität) (vgl. Krampen, 1982; 1985; 1987; Krampen (Hrsg.), 1989).

Als anerkannt gilt, daß die Theorie der Kontrollüberzeugungen auf Rotter (1966) zurückzuführen ist. Viele der nach der Publikation des Konstruktes 'locus of control' bis in die 70ger Jahre durchgeführten empirischen Arbeiten zu diesem Thema wurden durch Rotter selbst (Rotter, 1975) und von anderen Autoren später kritisch gewürdigt. So stellt Brand (1982) fest, daß Kontrollüberzeugungen in einer Reihe von Beiträgen als "einzige Ursache psychischer Gestörtheit" aufgefaßt worden sind. Es hatte sich ergeben, daß zwischen der Internalität und der Externalität in Teilen der Literatur eine Art Konkurrenz in ein 'entweder-oder' aufgebaut worden war. Diese konkurrente Dichotomie der Variablen trifft nicht zu. Vielmehr gilt, daß sowohl gesunde als auch kranke Menschen in unterschiedlichen Kontexten verschiedene kognitive Einstellungen angeben können. Wegen der Vielzahl anzunehmender Kontexte ist es letztendlich unmöglich zu entscheiden, ob eine Person allgemein internal oder external kontrollorientiert ist. Allgemeine Kontrollüberzeugungen eines Individuums werden aus diesem Grunde empirisch begrenzt in relevanten psychosozialen Zusammenhängen untersucht. Seit etwa einem Jahrzehnt ist unter gesundheitspsychologischen Gesichtspunkten die Analyse von 'gesundheitsspezifischen Kontrollüberzeugungen' zunehmend bedeutsam geworden (Burish, Carey, Wallston et al., 1984; Lohaus, 1992; Schwarzer (Hrsg.), 1990; Wallston, Wallston, Smith et al., 1987).

Zur Verbindung von Kontrollüberzeugungen mit individuellen Strategien der Krankheitsbewältigung führt Lohaus (1992) an, daß eine gesundheitsspezifische Internalität und eine verstärkte Tendenz zu kompensierendem Bewältigungsverhalten signifikant korrelieren. Derartige Patienten weisen offenbar einen günstigeren Krankheitsverlauf auf. Bei fatalistischer Externalität waren eher passiv-resignative Haltungen der Patienten und ein ungünstigerer Krankheitsverlauf zu beobachten.

Allgemeiner formuliert Krampen (1985):

"Kontrollüberzeugungen stehen etwa mit dem Ausmaß der Aktivität und Beteiligung in der Therapie, mit der Informiertheit über die Erkrankung, mit der Wahrnehmung der therapeutischen Beziehung und mit der Beurteilung eigener Fortschritte in wesentlichen Beziehungen ..."

Eigene Untersuchungsergebnisse
- Studie 1

Lasar und Kotterba (1993) haben Kontrollüberzeugungen als kognitive Einstellungen bei Patienten mit Multipler Sklerose untersucht. Ziel dieser Studie war es, Ausprägung und mögliche Zeitstabilität der kognitiven Einstellungen innerhalb dieser Patientengruppe explorativ zu erheben und sie mit spezifischen Krankheitsmerkmalen in Verbindung zu setzen. Auf den Zeitfaktor bezogen wurden die entsprechenden Daten in einer Mehrfachbefragung mit einem Dreimonatsabstand erhoben (Katamnese I = Kat I, sowie Kat II und Kat III).

An der Erstuntersuchung (Kat I) nahmen 20 Patienten mit einer schubförmig verlaufenden Multiplen Sklerose teil (17 Pat. in Kat II und Kat III). Auf den Erstbefragungszeitpunkt bezogene biographische und krankheitsspezifische Anamnesedaten der Untersuchungspopulation finden sich in der **Tab. 3** wieder.

Die folgenden Selbst- und Fremdbeurteilungsfragebögen wurden zur Datenerhebung eingesetzt (Kat I - Kat III):

1.) Der Erfassung allgemeiner Kontrollüberzeugungen diente der 'IPC' von Krampen (1981).

2.) Gesundheitsspezifische Kontrollüberzeugungen wurden durch den 'FEGK' von Ferring und Filipp (1989) erhoben.

3.) Der Selbsteinschätzung des psychopathologischen Befundes durch die MS-Patienten diente die 'PD-S Skala' von v. Zerssen und Koeller (Mitarb.) (1976) (Möller und v. Zerssen, 1986).

4.) Zur psychopathologischen Fremdeinschätzung durch den Untersuchungsleiter wurde die ursprünglich von Lorr entwickelte 'IMPS-Skala' in ihrer deutschen Version eingesetzt (Hiller, v. Zerssen, Mombour et al., 1986).

5.) Der neurologische Krankheitsstatus der MS-Patienten wurde über die 'EDSS-Skala' von Kurtzke (1983) erfaßt[1].

---

1 Zur statistischen Datenauswertung vergleiche Lasar und Kotterba, 1993

Geschlecht	(n = 20)
m	7
w	13
Durchschnittsalter	36,9 Jahre
durchschnittliches Ersterkrankungsalter	30,2 Jahre
durchschnittliche Krankheitsdauer	5,7 Jahre
EDSS-Score	
1,0-2,0	13
2,5-4,5	5
5,0-6,5	2
Arbeitssituation	
erwerbstätig	15
nicht erwerbstätig	5

Tab. 3 : Biographische und krankheitsspezifische Patientendaten der Studie 1 (Katamnese 1)

- - Ergebnisse

Katamneseüberdauernd (I-III) ergab sich eine relative Konstanz der Patientenaussagen zu allgemeinen und gesundheitsspezifischen Kontrollüberzeugungen (s. **Tab. 4**).

Vom Erkrankungsverlauf ausgehend ließen sich folgende Korrelationen erheben:
Neu aufgetretene Krankheitsschübe zwischen den einzelnen Katamnesen wiesen einen positiven Zusammenhang mit der fatalistischen Externalität im IPC auf (Kat I - Kat II: $r = 0,56$; Kat II - Kat III: $r = 0,54$; beide: $p < 0,05$). Noch deutlicher korrelierte die Krankheitsschubzahl mit der personenbezogenen Externalität im IPC (Kat I - Kat II: $r = 0,83$; Kat II - Kat III: $r = 0,73$; beide: $p < 0,001$).

Gesundheitsspezifische Kontrollüberzeugungen (FEGK) korrelierten positiv mit dem Schweregrad der MS (EDSS). External kontrollorientierte Patienten wiesen in der Katamnese I einen schlechteren neurologischen Befund auf (U-Test: $p < 0,05$). Internal orientierte Patienten besaßen einen besseren neurologischen Status (U-Test: $p < 0,01$). Katamnese II bestätigte dieses Ergebnis statistisch signifikant (U-Test: $p < 0,05$); in der Katamnese III fand sich ein tendenziell entsprechender Befund.
In psychopathologischer Hinsicht stellten sich in den Katamnesen II und III folgende Zusammenhänge: Mit Zunahme der gesundheitsspezifischen Internalität (FEGK) nahm die psychopathologische Selbsteinschätzung der Patienten als depressiv ab (PD-S Skala) ($r = -0,59$; $r = - 0,58$; beide $p < 0,05$).

- Studie 2

Mit der ersten Studie waren Erfahrungen und Ergebnisse zu Kontrollüberzeugungen als kognitive Einstellung von Patienten mit schubförmig verlaufender Multipler Sklerose erstmalig erhoben und mitgeteilt worden[2]. Hierauf aufbauend wird zur Zeit eine weitere Studie (Studie 2) durchgeführt, deren erste Zwischenergebnisse im folgenden vorgestellt werden sollen.

Die Struktur der Studie 2 hatte sich nach den Erfahrungen und durch die Ergebnisse der Studie 1 geändert: Wie oben vorgestellt (Studie 1), erwiesen sich allgemeine und gesundheitsspezifische Kontrollüberzeugungen im Rahmen einer Mehrfachbefragung als recht zeitkonstant bei den Patienten. Aus diesem Grunde wird Studie 2 als Einpunktbefragung durchgeführt. Ebenso hatte sich eine hohe Übereinstimmung zwischen den Parametern der psychopathologischen Selbsteinschätzung der Patienten und ihrer psychopathologischen Fremdeinschätzung in Studie 1 ergeben. Zur Vereinfachung des Befragungsdesigns wird deshalb in Studie 2 auf eine psychopathologische

2 Der Einsatz und die Aussagen des Konstruktes 'Kontrollüberzeugungen' haben sich im nervenheilkundlichen Bereich außer bei MS-Patienten auch bei chronisch schizophren Kranken bewährt (Lasar und Loose, 1994)

IPC (Allgemeine Kontrollüberzeugungen)	F-Wert	Signifikanzniveau
- Internalität	0,7	> 25%
- Personenbezogene Externalität	0,1	> 25%
- Fatalistische Externalität	0,49	> 25%

FEGK (Gesundheitsspezifische Kontrollüberzeugungen)	F-Wert	Signifikanzniveau
- Internalität	0,77	> 25%
- Externalität	0,77	> 25%

Tab. 4 : Ergebnisse im Längsschnitt: Keine signifikanten Änderungen der allgemeinen und gesundheitsspezifischen Kontrollüberzeugungen von Katamnese I-III (einfaktorielle Varianzanalyse mit Meßwiederholungen)

Selbsteinschätzung der Probanden verzichtet.

Konzeptionell setzt Studie 2 einen anderen Schwerpunkt: Angaben der Patienten zu Kontrollüberzeugungen werden hier spezifischer mit den aus der Literatur bekannten subjektiven Bewältigungsstilen in Verbindung gesetzt (Muthny, 1992; Muthny, Bechtel und Spaete, 1992).

Folgende Selbst- und Fremdbeurteilungsfragebögen werden in der Studie 2 zur Datenerhebung eingesetzt:

1.) Der Erfassung allgemeiner Kontrollüberzeugungen und Aussagen zur Selbstkompetenz dient der 'FKK' von Krampen (1991).
2.) Gesundheitsspezifische Kontrollüberzeugungen werden mittels des 'KKG' von Lohaus und Schmitt (1989) erhoben.
3.) Angaben über individuelle Copingsstile liefert der eingesetzte 'FKV' von Muthny (1989).
4.) Psychopathologische Fremdeinschätzung der Patienten über die ursprünglich von Lorr entwikkelte 'IMPS-Skala' in ihrer deutschen Version (Hiller, v. Zerssen, Mombour et al., 1986).
5.) Erfassung des neurologischen Krankheitsstatus über die 'EDSS-Skala' von Kurtzke (1983).

Befragt werden Patienten mit unterschiedlichen Verläufen der MS-Krankheit (schubförmig, primär schubförmig mit Übergang in die chronisch progrediente Verlaufsform und primär chronisch progredienter Verlauf). Bisher nahmen 10 Probanden an der Untersuchung teil. Im Vergleich zu den Patienten der Studie 1 unterscheiden sich die Probanden der Studie 2 durch einen anderen Krankheitsverlauf und stärkere psychopathologische Auffälligkeiten. Krankheitsbezogene und biografische Daten der bisherigen Untersuchungsteilnehmer aus Studie 2 finden sich in der **Tab. 5** wieder.

- - Zwischenergebnisse

Die hier vorgestellten Zwischenergebnisse stellen lediglich erste Tendenzen dar:
Vom Erkrankungsverlauf ausgehend korreliert die zunehmende Krankheitsdauer mit einem höheren Score im Bereich der gesundheitsspezifischen personenbezogenen Externalität ($p < 0,01$). Die Patienten mit chronisch progredientem Krankheitsverlauf erzielen in der psychopathologischen Fremdeinschätzung als depressiv die höchsten Werte ($p < 0,05$).

Die Gesamtergebnisse zu subjektiven Copingstilen der bisher untersuchten Probanden in der Studie 2 sind in der **Tab. 6** dargestellt. Als besonders relevante Bewältigungsstile fallen hierbei 'Compliancestrategien und Arztvertrauen', 'Selbstermutigung', 'Problemanalyse und Lösungsverhalten' und 'Relativierung durch Vergleich' auf (Muthny, 1989).
Ausgehend von diesen Angaben, lassen sich zur Zeit folgende interessante Korrelationen mit den übrigen erhobenen Daten darstellen (**s. Tab. 7**):

Geschlecht	(n = 10)
m	1
w	9
Durchschnittsalter	37,9 Jahre
durchschnittliches Ersterkrankungsalter	32,8 Jahre
durchschnittliche Krankheitsdauer	5,1 Jahre
EDSS-Score	
1,0-2,0	3
2,5-4,5	6
5,0-6,5	1
Verlaufsform	
schubförmig	5
primär schubförmig, Übergang in chronisch progredient	4
chronisch progredient	1
Arbeitssituation	
erwerbstätig	3
nicht erwerbstätig	7

Tab. 5 : Biographische und krankheitsspezifische Patientendaten der Studie 2

FKV-Skala	Mittlerer Summenscore
Problemanalyse u. Lösungsverhalten	3,24
Depressive Verarbeitung	2,60
Hedonismus	2,78
Religiosität und Sinnsuche	1,95
Mißtrauen und Pessimismus	2,53
Kognitive Vermeidung und Dissimulation	2,85
Ablenkung und Selbstafwertung	3,00
Gefühlskontrolle und sozialer Rückzug	2,99
Regressive Tendenz	2,56
Relativierung durch Vergleich	3,60
Compliance-Strategien und Arztvertrauen	4,25
Selbstermutigung	4,22

Tab. 6 : Angaben zur subjektiven Krankheitsverarbeitung (Mittelwerte der 10 Patienten, maximal können 5 Punkte pro Item erzielt werden)

		r
Gesundheitsspezifische Internalität (KKG)	Compliance u. Arztvertrauen (FKV)	- 0,68*
Fremdeingeschätzte Depressivität (IMPS)	Verlaufsform	0,65*
Gesundheitsspezifische personenbezogene Externalität (KKG)	Dauer	0,78**
Hedonismis (FKV)	Dauer Verlauf	0,69* 0,67*
Hedonismus (FKV)	Gesundheitsspezifische personenbezogene Externalität (KKG) Allgemeine personenbezogene Externalität (FKK)	0,69* 0,81**
Mißtrauen und Pessimismus (FKV)	Psychotische Symptomatik (IMPS) Allgemeine fatalistische Externalität (FKK)	0,65* 0,76**
Problemanalyse und Lösungsverhalten (FKV)	Selbstkompetenz (FKK)	0,70*
Allgemeine Internalität (FKK)	Kognitive Vermeidung und Dissimulation (FKV) Ablenkung und Selbstaufwertung (FKV)	0,77** 0,68*

* $p<0,05$
** $p<0,01$

Tab. 7 : Signifikante Korrelationen zwischen subjektiven Copingstilen und Kontrollüberzeugungen sowie Krankheitsdauer und -verlauf

Mit zunehmender Krankheitsdauer berichten Patienten vermehrt über ihre Bestrebungen, sich bewußt Zeit für positive Lebensinhalte zu nehmen (Erkundungen der Natur, Film- oder Theaterbesuche). Dieser so genannte 'Hedonismus' korreliert ebenfalls mit allgemeinen und gesundheitsspezifischen (sozialen) externalen Kontrollüberzeugungen (FKK; KKG). Hierbei weisen die Patienten mit einem chronisch progredientem Erkrankungsverlauf höhere Scores auf. Bei Zunahme der allgemeinen fatalistischen Externalität (FKK) werden vermehrt die subjektive depressive Krankheitsverarbeitung und ein Mißtrauen im Hinblick auf die ärztliche Behandlung sowie ein Pessimismus bezüglich des Krankheitsverlaufs angegeben.
Internal orientierte Patienten (FKK) neigen in ihrer Krankheitsbewältigung bisher zur kognitiven Vermeidung und Dissimulation, bemühen sich um Ablenkung und Selbstaufbau. Je stärker die gesundheitsspezifische Internalität ausgeprägt ist (KKG), umso geringer stellt sich als Bewältigungsstil 'Compliance und Arztvertrauen' dar.

Die bisher vorgestellten ersten Zwischenergebnisse weisen auf die bedeutsame Verbindung zwischen individuellen kognitiven Einstellungen in Form von Kontrollüberzeugungen, Krankheitsmerkmalen und subjektiven Bewältigungsstilen bei MS-Patienten hin.

Diskussion und Ausblick

Bisherige Untersuchungen zum Copingverhalten bei Patienten mit Multipler Sklerose haben schwerpunktmäßig äußere Faktoren beschrieben, die im psychosozialen Kontext des betroffenen erkrankten Individuums auf seinen Bewältigungsstil Einfluß nehmen. Durch die Fokussierung auf subjektive Merkmale in der notwendigen Auseinandersetzung mit einer Krankheit entstanden auch auf die Multiple Sklerose bezogen Modelle, die den Bewältigungsprozeß Erkrankter in unterschiedlichen Phasenabläufen annehmen und beschreiben.

Die Einführung der kognitiven Variablen 'Kontrollüberzeugungen' als gedankliche Einstellung von MS-Patienten im Rahmen des Copingprozesses erweitert die bisherigen Beiträge zum Thema um einen relevanten Faktor des betroffenen Subjektes. Eine Berücksichtigung kognitiver Verarbeitungsmechanismen im Zuge der Krankheitbewältigung als systematischer Prozeß wurde bereits von Heim und Mitautoren (1983) gefordert.

Wie im vorliegenden Text gezeigt, erweisen sich Kontrollüberzeugungen in einer Mehrfachbefragung bei MS-Patienten mit einem schubförmigen Verlauf als recht zeitkonstant ausgebildet. Zudem waren die fatalistische und die personenbezogene Externalität mit einer Zunahme der Krankheitsschubzahl bei den untersuchten Patienten verbunden. Mit einem höheren Schweregrad der MS-Erkrankung korrelierte die externale gesundheitsspezifische kognitive Einstellung. Weiterhin nahm mit höheren Scores im Bereich der gesundheitsspezifischen Internalität die psychopathologische Selbsteinschätzung der Patienten als 'depressiv' ab (Lasar und Kotterba, 1993). Dieses Ergebnis zur Psychopathologie bildet im Vergleich zu den Aussagen anderer Studien, in

denen von einem 'depressiven Verarbeitungsmodus' bei MS-Patienten bzw. einer nicht organisch bedingten allgemeinen Depressivität im Rahmen dieser Erkrankung ausgegangen wird, einen interessanten Diskussionspunkt (Möller, Wiedemann, Rohde et al., 1994; Muthny, Bechtel und Spaete, 1992): Möglicherweise liegen bei derartigen Patienten mit einem z.B. depressiven Verarbeitungsmodus ihrer Erkrankung externale Kontrollorientierungen vor, worauf die vorgestellten eigenen Studienergebnisse einen ersten Hinweis geben (s.o.).
Ein bestehender Zusammenhang des Konstruktes 'Kontrollüberzeugungen' mit spezifischen Bewältigungsstilen bei MS-Patienten kann, wie oben gezeigt, theoretisch abgeleitet werden, bedarf jedoch weiterer empirischer Überprüfung.

Zum Abschluß des Textes stellt sich die Frage nach gegebenen therapeutischen Konsequenzen aus den Ergebnissen zu kognitiven Einstellungen bei Patienten mit einer MS-Erkrankung. Eine konkrete Therapieform, die Kontrollüberzeugungen bei dieser Krankheit berücksichtigt, liegt nach Kenntnis der Autoren dieses Beitrages noch nicht vor. Zunächst können lediglich empirische Ergebnisse mit den Ausführungen in der Literatur verglichen werden: Lohaus (1992) stellt einen ungünstigeren Krankheitsverlauf bei Patienten mit einer fatalistischen externalen und gesundheitsspezifischen Kontrollorientiertheit dar. Dieser Zusammenhang konnte in eigenen Untersuchungsergebnissen bei MS-Patienten bestätigt werden (s.o.). Auf die Relevanz kognitiver Einstellungen in Form von Kontrollüberzeugungen für den therapeutischen Prozeß hat Krampen (1985) bereits hingewiesen.

Zu vermuten ist, daß im Rahmen einer kognitiven therapeutischen Intervention mit Berücksichtigung von Kontrollüberzeugungen der Patienten eine Dichotomie der Variablen ('entweder internal oder external') zu vermeiden ist; diese zu Mißverständnissen führende Dichotomie wird in jüngeren theoretischen Beiträgen zu Kontrollüberzeugungen ebenfalls abgelehnt (s.o.). Vielmehr scheint es sinnvoll, sowohl internale als auch externale Kognitionen in relevanten psychosozialen Situationen zu erfassen und im Rahmen eines kognitiven therapeutischen Prozesses zu berücksichtigen. Diese Hypothesen schließen sich neueren Beiträgen zu kognitiven Therapien an, wie sie exemplarisch Hautzinger und Bailer (1991) bei depressiven Erkrankungen formulieren. Die genannten Autoren geben als Ziele der kognitiven Therapie etwa das "Erkennen unpassender, fehlerhafter und unlogischer gedanklicher Interpretationen externaler und internaler Ereignisse" oder die "Veränderung grundlegender kognitiver Idiosynkrasien (sogenannter "Grundannahmen") ..." an (Hautzinger und Bailer, 1992, S. 189).

Die hier in der Theorie und an Hand empirischer Ergebnisse diskutierten Zusammenhänge über Kontrollüberzeugungen, Bewältigungsverhalten und mögliche therapeutische Interventionen dienen dem Ziel, einen Zugang zur Förderung krankheitsbewältigender Ressourcen bei MS-Patienten zu schaffen.

Literatur

Aschauer, H.N., Resch, F., Aschauer-Treiber, G. (1990) Affektive Störungen, Immunsystem und psychische Einflüsse auf körperliche Erkrankungen. In: Kaschka, W.P., Aschauer H.N. (Hrsg.) Psychoimmunologie. Stuttgart, New York: Thieme

Bach, O., Wild, H.J. (1990) Lebensbelastende Situationen im Vorfeld von Krankheitsschüben bei Multipler Sklerose und Colitis ulcerosa - Ein Vergleich. Z. Gesamte Hyg. 36: 442-443

Billings, A.G., Moos, R.H. (1981) The role of coping responses and social resources in attenuating the stress of life events. J. Behav. Med. 4: 139-157

Brand, J. (1982) Kontrollerwartung, Ursachenattribution und psychische Störung. Die Bedeutung des Konstrukts "locus of control" für die klinische Psychologie. Z Klin Psychol XI: 155-176

Buelow, J.M. (1991) A correlational study of disabilities, stressors and coping methods in victims of Multiple Sclerosis. J. Neurosci. Nurs. 23: 247-252

Burish, T.G., Carey, M.P., Wallston, K.A., Stein, M.J., Jamison, R.N., Lyles, J.N. (1984) Health locus of control and chronic disease: An external orientation may be advantageous. J. Soc. Clin. Psychol. 2: 326-332

Delank, H.W. (1994) Neurologie. Stuttgart: Enke

Dittmann, J., Schüttler, R. (1992) Bewältigungs- und Kompensationsstrategien bei Patienten mit Enzephalomyelitis disseminata (MS) und bei Patienten mit schizophrenen Psychosen. Rehabilitation 31: 98-103

Dohrenwend, B.S. (1973) Life Events as stressors: A methodological inquiry. J. Health Soc. Behav. 14: 167-175

Felgenhauer, K. (1990) Psychiatric disorders in the encephalitic form of Multiple Sclerosis. J. Neurol. 237: 11-18

Ferring, D., Filipp, S.H. (1989) Der Fragebogen zur Erfassung gesundheitsbezogener Kontrollüberzeugungen (FEGK). Kurzbericht. Z. Klin. Psychol. XVIII: 285-289

Foley, F., Miller, A., Traugott, U., La Rocca, N.G., Scheinberg L.C., Bedell, J.R., Lennox, S.S. (1988) Psychoimmunological dysregulation in Multiple Sclerosis. Psychosomatics 29: 398-403

Folkman, S. (1984) Personal control and stress and coping processes: A theoretical analysis. J. Pers. Soc. Psychol. 46: 839-852

Folkman, S., Lazarus, R.S., Dunkel-Schetter, C., de Longis, A., Gruen, R.J. (1986) Dynamics of a stressful encounter: Cognitive appraisal, coping, and encounter outcomes. J. Pers. Soc. Psychol. 50: 992-1003

Franz, M. (1990) Zur Psychosomatik neurologischer Erkrankungen. Erfahrungen mit der klinischen Neurologie aus der Sicht eines Psychoanalytikers. Zsch. psychosom. Med. 36: 355-373

Friedemann, M.L., Tubergen, P. (1987) Multiple sclerosis and the family. Arch. Psychiatr. Nurs. 1: 47-54

Garfield, D.A. (1985) Multiple Sclerosis and affective disorder: 2 case reports of mania with psychosis. Psychother. Psychosom. 44: 25-33

Görres, H.J., Ziegeler, G., Friedrich, H., Lücke, G. (1988) Krankheit und Bedrohung. Formen psychosozialer Bewältigung der Multiplen Sklerose. Zsch. psychosom. Med. 34: 274-290

Grant, I., Brown, G.M., Harris, T., Mc Donald, W.I., Patterson, T., Trimble, M.R. (1989) Severely threatening events and marked life difficulties preceding onset of exacerbation of multiple sclerosis. J. Neurol. Neurosurg. Psychiatry 52: 8-13

Hales, R.E., Yudofsky, S.C. (1993) Handbuch der Neuropsychiatrie. Weinheim: Beltz

Hautzinger, M., Bailer, J. (1991) Depressionen. In: Meermann, R., Vandereycken, W. (Hrsg.)

Verhaltenstherapeutische Psychosomatik in Klinik und Praxis. Stuttgart, New York: Schattauer

Heim, E., Augustiny, K., Blaser, A. (1983) Krankheitsbewältigung (Coping) - ein integriertes Modell. Psychother. med. Psychol. 33: 35-40

Hiller, W., Zerssen v, D., Mombour, W., Wittchen, H.U. (1986) IMPS: Inpatient multidimensional psychiatric scale. Eine multidimensionale Skala zur systematischen Erfassung des psychopathologischen Befundes (deutsche Version). Weinheim: Beltz

Hobfoll, S.E., Walfisch, S. (1984) Coping with a threat to life: A longitudinal study of self-concept, social support, and psychological distress. Am. J. Commun. Psychol. 12: 87-100

Hohner, W.G., Horvitz, T., Li, D.K., Palmer, M., Paty, D.W. (1987) Temporal lobe involvement in Multiple Sclerosis patients with psychiatric disorders. Arch. Neurol. 44: 187-190

Hopf, Ch., Poeck, K., Schliack, H. (1992) Neurologie in Praxis und Klinik. Bd. I. Stuttgart, New York: Thieme

Joffe, R.T., Lippert, G.P., Gray, T.A., Sawa, G., Horvath, Z. (1987) Mood disorder and Multiple Sclerosis. Arch. Neurol. 44: 376-378

Kohler, J., Heilmeyer, H., Volk, B. (1988) Multiple Sclerosis presenting as chronical atypical psychosis. J. Neurol. Neurosurg. Psychiatry 51: 281-284

Krampen, G. (1981) IPC-Fragebogen zu Kontrollüberzeugungen. Göttingen, Toronto, Zürich: Hogrefe

Krampen, G. (1982) Differentialpsychologie der Kontrollüberzeugungen (> >Locus of Control< <). Göttingen, Toronto, Zürich: Hogrefe

Krampen, G. (1985) Zur Bedeutung von Kontrollüberzeugungen in der klinischen Psychologie. Z. Klin. Psychol. XIV: 101-112

Krampen, G. (1987) Handlungstheoretische Persönlichkeitspsychologie. Göttingen, Toronto, Zürich: Hogrefe

Krampen, G. (Hrsg.) (1989) Diagnostik von Attributionen und Kontrollüberzeugungen. Göttingen, Toronto, Zürich: Hogrefe

Krampen, G. (1991) Fragebogen zu Kompetenz- und Kontrollüberzeugungen (FKK). Göttingen, Toronto, Zürich: Hogrefe

Kurtzke, J.F. (1983) Rating neurologic impairment in Multiple Sclerosis: An expanded disability status scale (EDSS) Neurology 33: 1444-1452

Lasar, M., Kotterba, S. (1992) Möglichkeiten eines kombinierten neurologisch-psychiatrischen Diagnosekonzeptes bei Encephalomyelitis disseminata. Nervenheilkunde 11: 207-210

Lasar, M., Kotterba, S. (1993) Kontrollüberzeugungen von Patienten mit schubförmig verlaufender Encephalomyelitis disseminata. Schweiz. Arch. Neurol. Psychiatr. 14: 147-162

Lasar, M., Loose, R. (1994) Kontrollüberzeugungen bei chronischer Schizophrenie. Empirische Daten einer Gruppe ambulanter Patienten. Nervenarzt 65: 464-469

Lohaus, A., Schmitt, G.M. (1989) Fragebogen zur Erhebung von Kontrollüberzeugungen zu Krankheit und Gesundheit (KKG). Göttingen, Toronto, Zürich: Hogrefe

Lohaus, A. (1992) Kontrollüberzeugungen zu Gesundheit und Krankheit. Z. Klin. Psychol. XXI: 76-87

Minden, S.L., Schiffer, R.B. (1990) Affective disorders in Multiple Sclerosis. Arch. Neurol. 47: 98-104

Möller, A., Wiedemann, G., Rohde, U., Backmund, H., Sonntag, A. (1994) Correlates of cognitive impairment and depressive mood disorder in multiple sclerosis. Acta Psychiatr. Scand. 89: 117-121

Möller, H.J., Zerssen v, D. (1986) Der Verlauf schizophrener Psychosen unter den gegenwärtigen Behandlungsbedingungen. Berlin, Heidelberg, New York, Tokyo: Springer

Muthny, F.A. (1989) Freiburger Fragebogen zur Krankheitsverarbeitung (FKV). Weinheim: Beltz

Muthny, F.A. (1992) Krankheitsverarbeitung im Vergleich von Herzinfarkt-, Dialyse-, und MS Patienten. Z. Klin. Psychol. XXI: 372-391

Muthny, F.A., Bechtel, M., Spaete, M. (1992) Laienätiologien und Krankheitsverarbeitung bei schweren körperlichen Erkrankungen. Eine empirische Vergleichsstudie mit Herzinfarkt-, Krebs-, Dialyse- und MS-Patientinnen. Psychother. Psychosom. med. Psychol. 42: 41-53

Nisipeanu, P., Korczyn, A.D. (1993) Psychological stress as risk factor for exacerbations in multiple sclerosis. Neurology 43: 1311-1312

Northoff, G. (1992) Ansätze zu einer Neuropsychiatrie als Überbrückung der Trennung von Neurologie und Psychiatrie. Schweiz. Arch. Neurol. Psychiatr. 143: 27-38

Parkes, K.R. (1984) Locus of control, cognitive appraisal, and coping in stressful episodes. J. Pers. Soc. Psychol. 46: 655-668

Payk, Th.R. (1973) Psychopathologische Besonderheiten bei Kranken mit Enzephalomyelitis disseminata ("Multiple Sklerose"). Nervenarzt 44: 378-380

Pearlin, L.I., Schooler, C. (1978) The Structure of coping. J. Health Soc. Behav. 19: 2-21

Pearlin, L.I., Menaghan, E.G., Lieberman, M.A., Mullan, J.T. (1981) The stress process. J. Health Soc. Behav. 22: 337-356

Poser, C.M., Paty, D.W., Scheinberg, L., Mc Donald, W.I., Davis, F.A., Ebers, G.C., Johnson, K.P., Sibley, W.A., Silberberg, D.H., Tourtellotte, W.W. (1983) New diagnostic criteria for Multiple Sclerosis: Guidelines for research protocols. Ann. Neurol. 13: 227-231

Ritter, G. (1984) Psychosomatische Aspekte der Multiplen Sklerose - Verlauf und Bewältigung einer chronischen Krankheit. Akt. Neurol. 11: 69-72

Rotter, J.B. (1966) Generalized expectancies for internal versus external control of reinforcement. Psychol. Mon. 80: 1-28

Rotter, J.B. (1975) Some problems and misconceptions related to the construct of internal versus external control of reinforcement. J. Consult. Clin. Psychol. 43: 56-67

Scheid, W. (1983) Lehrbuch der Neurologie. Stuttgart, New York: Thieme

Schiffer, R.B., Babigan, H.M. (1984) Behavioral disorders in multiple sclerosis, temporal lobe epilepsy, and amyotrophic lateral sclerosis: An epidemiologic study. Arch. Neurol. 41: 1067-1069

Schwarzer, R. (Hrsg.) (1990) Gesundheitspsychologie. Göttingen: Hogrefe

Sibley, W.A., Bamford, C.R., Clark, K., Sreith, M.S., Laguna, J.F. (1991) A prospective study of physical trauma and multiple sclerosis. J. Neurol. Neurosug. Psychiatry 54: 584-589

Steller, U., Beck, U. (1987) Durchgangssyndrom als Frühsymptom einer Multiplen Sklerose. Nervenarzt 58: 256-260

Stenager, E., Jensen, K. (1988) Multiple Sclerosis: Correlation of psychiatric admissions to onset of initial symptoms. Acta Neurol. Scand. 77: 414-417

Stenager, E., Knudsen, L., Jensen, K. (1991) Multiple Sclerosis: The impact of physical impairment and cognitive dysfunction on social and sparetime activities. Psychother. Psychosom. 56: 123-128

Teasell, R.W. (1993) Managing advanced multiple sclerosis. Can. Fam. Physician 39: 1127-1141

Wallston, K.A, Wallston, B.S., Smith, S., Dobbins, C.J. (1987) Perceived control and health. Curr. Psychol. Research Rev. 6: 5-25

Warren, S., Warren, K.G., Cockerill, R. (1991) Emotional stress and coping in multiple sclerosis (MS) exacerbations. J. Psychosom. Res. 35: 37-47

Wurthmann, C., Daffertshofer, M., Hennerici, M. (1990) Qualitativ abnorme Leibgefühle bei multipler Sklerose. Nervenarzt 61: 361-363

Zerssen v, D., Koeller, D.M. (Mitarb.) (1976) Paranoid- Depressivitäts-Skala. Parallelformen PD-S und PD-S`. Weinheim: Beltz.

Sind Overarousal und kognitive Irritabilität disponierende Faktoren für Schizophrenie?

Ingrid Börner

Die Mehrzahl der gegenwärtigen Denkmodelle zur Schizophrenie geht davon aus, daß diese Krankheit auf einer bio-psychologischen Vulnerabilität beruht, die sich in einer erhöhten Empfindlichkeit der betroffenen Personen gegenüber ihrer psychosozialen Umwelt äußert. Nach der 1977 von Zubin und Spring vorgestellten Vulnerabilitätshypothese der Schizophrenie, die von Nuechterlein und Dawson weiterentwickelt und 1984 als Dispositions-Streß-Modell beschrieben wurde, führen soziale Belastungsfaktoren bei genetisch disponierten Personen zur manifesten schizophrenen Erkrankung. Als wesentliches Merkmal der genetisch festgelegten Vulnerabilität schizophrener Menschen gelten spezifische Störungen im Informationsverarbeitungsprozeß. Dabei geht man davon aus, daß es durch einen Verlust der cerebralen Filterfunktion zu Störungen der Selektionsprozesse, der Informationsverarbeitung und der Dekodierung aus dem Langzeitspeicher kommt (Broadbent, 1958; Broen und Storms, 1966; Poljakov, 1973; Plaum, 1975; Hartwich, 1980; Brenner, 1989).

Organisches Korrelat der Erkrankungsbereitschaft könnten hypothetisch u. a. hirnstrukturelle Veränderungen oder auch neuronale Dysfunktionen, wie sie z. B. die Dopaminhypothese und die Glutamathypothese der Schizophrenie beschreiben, sein (Bogerts, 1992; Karen et al., 1992; Riederer et al., 1992).

Als soziale Belastungs- und damit krankheitsauslösende Faktoren werden u. a. life-events, expressed emotions, overprotection sowie ein allgemein belastender und mit "Lebenskampf" einhergehender sozialer Status beschrieben (Retterst, 1987; Birchwood und Raymond, 1990). Neben diesen allgemeinen Belastungsfaktoren scheinen aus unserer Sicht auch Leistungs- und Erwartungsdruck unterschiedlichen Gepräges bei einigen Patienten eine krankheitsauslösende Funktion zu erfüllen.

Ob und in welcher Lebenszeit ein Betroffener dann manifest erkrankt, hängt hypothetisch von dem Grad seiner Vulnerabilität und seiner individuellen Streßsensibilität ab. Während letztere sowohl genetisch als auch biographisch determiniert ist, wird das Ausmaß der Vulnerabilität sowohl durch die Schwere der Pathogenität des entsprechenden Gens als auch von der Stärke einer möglicherweise prä-, peri- oder postnatal erworbenen zentral-nervösen Schädigung bestimmt (Zubin und Spring, 1977; Nuechterlein und Dawson, 1984; Häfner, 1989).
Aus psycho-physiologischer Sicht ist die biologische Vulnerabilität als Störbarkeit des Regulationsmechanismus der allgemeinen Aktivierung - möglicherweise infolge hirnstruktureller Vorschädigung und/oder neuronaler Dysfunktionen - definiert. Diese Disposition führt in Verbin-

dung mit sozialem Streß hypothetisch zu einer synaptischen Übererregbarkeit mit erhöhtem zentralen Aktivierungsniveau (Hyperarousal) und damit zur psychotischen Dekompensation (Claridge, 1967; Venables, 1973; Koukkou-Lehmann, 1987). Diese von Fish bereits 1963 formulierte Hyperarousal-Hypothese der Schizophrenie postuliert eine dauernde Überaktivität des aszendierenden retikulären Aktivierungssystems (ARAS) als Träger der Funktionsstörung. Meßwerte des Aktivierungsniveaus sind Parameter des zentralen und autonomen Nervensystems (Fahrenberg und Myrtek, 1967).

Neben dem Konzept eines generellen Overarousal mit folgenden defizitären kortikalen und subkortikalen Prozessen werden gegenwärtig auch Hypothesen einer primären linkshemisphärischen Überaktivierung infolge kognitiver Prozesse sowie eine rechtshemisphärische Überaktivität und Irritabilität infolge emotionaler Belastungen mit nachfolgender Generalisierung diskutiert (Gur et al., 1985; Oepen, 1988; Done, 1990; Adler, 1991).

Mit funktionsbildgebenden Verfahren wie SPECT und PET fand man dagegen bei schizophrenen Patientengruppen häufiger Hinweise auf Hypoaktivierung i. S. von Hypoperfusion und Hypometabolismus (Ebert et al. 1991), wobei Günther (1991) zwischen Indizien für Hyperaktivierung bei schizophrener Plus-Symptomatik und Zeichen für Hypoaktivierung bei schizophrener Minus-Symptomatik differenziert.
In einer randomisierten Therapieverlaufsstudie mit akut erkrankten schizophrenen Patienten haben wir Meßwerte des autonomen arousal in einer Leistungstestsituation mit der Frage nach spezifischen, evtl. krankheitstypischen Reaktionsmustern von Aktivierungsindikatoren erfaßt. Teilergebnisse werden hier vorgestellt und diskutiert.

Methodik - Beschreibung der Stichprobe

Wir untersuchten 22 schizophrene, stationär behandlungsbedürftige Patienten (17 Frauen, 5 Männer) im Therapieverlauf. Die diagnostische Zuordnung erfolgte auf der Grundlage der 9. Revision der ICD sowie der Forschungsdiagnosekriterien nach Spitzer und Endicott (1982) (RDC). Unter den Patienten befanden sich 9 Ersterkrankungen. Die durchschnittliche Dauer der Erkrankung der 13 wiedererkrankten Patienten betrug 4,1 (+/-) 3,2 Jahre. Das Durchschnittsalter der Patienten war 28,7 (+/-) 5,4 Jahre. Die Altersgrenze für die Untersuchungsteilnahme war von 19 bis 41 Jahre festgelegt.

Als Vergleichsgruppe nahmen 15 normal intelligente, nach Alter und Schulabschluß weitgehend parallelisierte gesunde Kontrollpersonen (10 Frauen, 5 Männer) an der Untersuchung teil.

Beschreibung der Untersuchungssituation

Die Probanden nahmen an einer konzentrativen Belastung (Rechnen unter Zeitdruck) teil. Sie befanden sich dazu in einem weitgehend schalldichten, gut klimatisierten Raum, in dem sich außerdem noch eine Krankenschwester aufhielt. Ableit- und Meßraum waren über eine Fernsehanlage und eine Mikrophonanlage verbunden. Die Verhaltensanweisungen der Probanden erfolgten durch den Versuchsleiter über das Mikrophon. Der Monitor ermöglichte eine fortlaufende Verhaltensbeobachtung.

Über ein Display wurden die Rechenaufgaben angeboten. Das mittlere Zeitintervall zwischen den Aufgaben betrug 3 Sekunden. Die Versuchspersonen sollten in der fünfminütigen Belastungsphase 100 Rechenaufgaben (Addition drei einstelliger Ziffern) lösen.

Nach jeder Aufgabe erschienen auf dem Display gleichzeitig drei Ergebnissvorschläge. Das als richtig erkannte Ergebnis wurde von den Probanden durch eine Wahltaste markiert. Die Anzahl der richtigen und falschen Rechenergebnisse wurde im Meßraum elektronisch registriert.
Alle Untersuchungen erfolgten zwischen 8 Uhr und 11 Uhr vormittags.

Beschreibung der Variablen - Psychophysiologische Variable
Im Ergebnis eines multivariaten Untersuchungsansatzes wurden Meßwerte der zentralen, der peripher-vegetativen und der biochemischen Ebene unmittelbar vor, während und im Anschluß an die Leistungssituation bestimmt. Hierzu gehören das visuell evozierte Potential (VEP), Pupillendiameter (PD), Pupillenlichtreflexdauer (PR), akrale Wiedererwärmungszeit (AW), Herzfrequenz (HF), Atemfrequenz (AF), Puls-Atem-Quotient (PAQ), Blutdruck (RR), Katecholamine [Adrenalin (A), Noradrenalin (NA), Dopamin (DA)], Prolactin (PRL), Cortisol (CORT) sowie freie Fettsäuren im Plasma (FFS). Da die Mehrzahl dieser Parameter hier nur global diskutiert werden soll, verweisen wir hinsichtlich der detaillierten Darstellung der Untersuchungs- und Auswertungstechnik auf die dazu bereits vorliegende Literatur (Börner, 1889).

Psychopathologie und subjektives Belastungserleben
Die Beurteilung der Psychopathologie erfolgte durch den Untersucher mit der Brief-Psychiatric-Rating-Scale (BPRS) nach Overall und Gorham (1962). Mit der Befindlichkeitsskala nach von Zerssen et al.,(1970) wurde die subjektive Befindlichkeit bei Patienten und gesunden Vergleichspersonen vor und nach jeder Untersuchung ermittelt. Das subjektive Belastungserleben wurde mit der Selbstbeurteilungsskala (BMS) nach Plath und Richter (1978), ebenfalls vor und nach der Belastungsuntersuchung gemessen.

Beschreibung der Untersuchungsfolge
Die Basaluntersuchung erfolgte medikamentenfrei in den ersten Tagen nach der stationären Aufnahme. Für die weitere Untersuchungsfolge wählten wir den Akuitätsparameter als Bezugsebene. Sie wurde vom Grad der Rückläufigkeit der psychopathologischen Symptomatik bestimmt. Die letzte Untersuchung erfolgte unmittelbar vor der Entlassung. Eine Vereinheitlichung der medikamentösen Therapie wurde angestrebt (**Abb. 1**). Die Personen der Vergleichsgruppe nahmen im

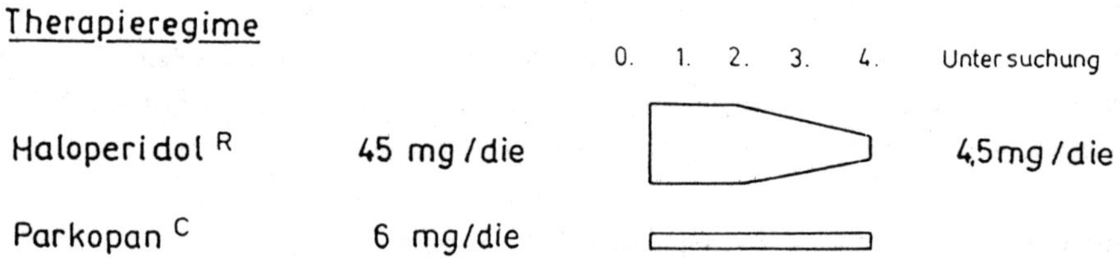

Abb. 1: Untersuchungsgang und Therapieregime

Abstand von 3 bis 4 Wochen an der Untersuchung teil.

Statistische Berechnungen

Für Mittelwertvergleiche aus unabhängigen Stichproben (Kontrollgruppe, Patientengruppe) wurde der t-Test nach Student benutzt. Dieser setzt eine Normalverteilung des Merkmals in den zugehörigen Grundgesamtheiten voraus. Im weiteren wurde mit der Regressionsanalyse untersucht, ob lineare Zusammenhänge zwischen zwei Merkmalen existieren. Darüber hinaus wurde die Korrelation zwischen je 2 Merkmalen bestimmt, um eine Vorstellung von der Größe der linearen Abhängigkeit zu erhalten.

Ergebnisse - Verhaltensbeschreibung

In Abhängigkeit von der Akuität der Krankheitsphase bedurfte es bei einigen Patienten sehr viel an Geduld und großen Zuspruches, um sie zur Teilnahme an der Untersuchung zu bewegen. Wenn es gelang, sie zur Mitarbeit zu überreden, zeigten die Kranken meist ein äußerst angestrengtes Bemühen um eine gute Rechenleistung. Selbst weitgehend mutistische Patienten, die verbalen Kontakt und das Ausfüllen der psychopathologischen Skalen ablehnten, kooperierten zumindest hinsichtlich ihres Verhaltens während des Rechentestes.

Während des Rechnens wiesen Körperhaltung und Mimik bei den Kranken auf eine deutlich größere Anspannung hin. Ausdrucksbewegungen, aus denen sich angestrengtes Arbeiten ableiten ließ, waren bei den Patienten deutlich häufiger als bei den Vergleichspersonen anzutreffen. Hierzu gehörten u. a.: "Laut schnaufendes angestrengtes Atmen", "verzweifeltes Kopfschütteln" bei wohl falscher Lösung, "auf die Zunge beißen" vor Anstrengung oder "lautes Mitsprechen" beim Rechnen. Die beschriebenen Verhaltensweisen waren zu Beginn der Untersuchungsreihe am häufigsten zu beobachten und nahmen an Intensität und Anzahl in der Folge ab. Zum Abschluß unterschieden sich Kranke und Gesunde in ihrem äußeren Verhalten während des Rechnens nicht mehr. Die Patienten äußerten jedoch die Befürchtung, daß ein unzureichendes Rechenergebnis möglicherweise ihren Entlassungstermin verzögern könnte und fühlten sich dadurch wahrscheinlich mehr unter Leistungsdruck als die Vergleichspersonen, die sich zunehmend an die Testsituation adaptiert hatten.
Drei Patienten wurden im Verlauf der 4. Untersuchung (U3) zunehmend unruhig und entwikkelten in deren unmittelbarer Folge ein akutes Krankheitsrezidiv. Ein Zusammenhang mit der Belastungssituation scheint gegeben zu sein.

Psychopathologie und subjektives Belastungserleben

Die akute psychopathologische Symptomatik ist unter neuroleptischer Therapie gut rückläufig (**Abb. 2**).

Die subjektive Befindlichkeit der Patienten und Kontrollpersonen unterscheidet sich zu den Unter

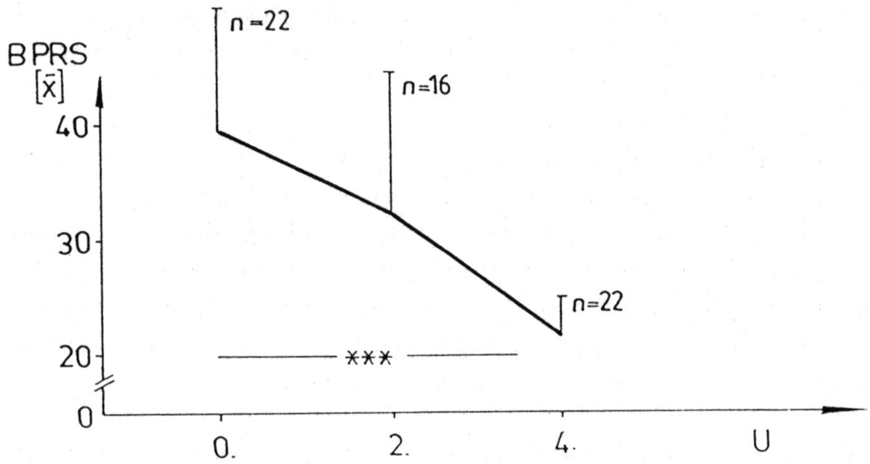

Abb. 2: **BPRS - Summenscore (x, s, n) der Patientengruppe zur Untersuchung 0, 2 und 4**
...p < 0,001; ..p < 0,01

suchungszeitpunkten 0 und 2 signifikant. Sie bessert sich bei den Patienten im Therapieverlauf deutlich und entspricht im Mittelwert zur letzten stationären Untersuchung nahezu der Befindlichkeit der gesunden Vergleichspersonen (**Abb. 3**).

Unabhängig von der Prozeßaktivität, d. h. zu allen Untersuchungszeitpunkten fühlen sich die schizophrenen Kranken in Erwartung einer Leistungsanforderung (Prätestsituation), signifikant angespannter und konzentrationsgestörter als die gesunden Vergleichspersonen (**Abb. 4**).

Psychophysische Variable

Zur medikamentenfreien Erstuntersuchung finden sich univariat vielfach statistisch absicherbar oder aber im Trend höhere Gruppenmittelwerte der prozeßaktiven schizophrenen Patienten (**Abb. 5**). Im Längsschnitt zeigt die Mehrzahl der Meßwerte - für die Patienten deutlicher - eine Reduktion des psychophysischen Aktivitätszustandes an. Synchron verbessern sich, wie bereits dargestellt, statistisch absicherbar, Psychopathologie und subjektive Befindlichkeit der Patienten. Eine Korrelationsanalyse mit allen Variablen zeigte darüber hinaus ein deutlich höheres Ausmaß direkter Abhängigkeiten zwischen den gemessenen Kennwerten sowie auch einen engeren Kopplungsgrad zwischen den drei Aktivitätsebenen für die Patientengruppe. Dies trifft für die Erst- als auch - allerdings in deutlich geringerem Ausmaß - für die Abschlußuntersuchung zu.

Herzfrequenz (HF)

Abweichend vom Gesamtverlauf stellt sich der Parameter Herzschlagrate in der Längsschnittuntersuchung bei der Patientengruppe dar (**Abb. 6**). Während die Herzfrequenz der Kontrollpersonen im Beobachtungszeitraum fast aller psychophysischen Parameter rückläufig ist, trifft dies für die Patientengruppe nicht zu. Dem entspricht psychopathologisch in der Skala zum subjektiven Belastungserleben nach Plath zu allen Untersuchungszeitpunkten eine signifikant größere innere Anspannung der Patienten in der Prätestsituation bei gleichzeitig subjektiv schlechterem Konzentrationsvermögen. Dieses Ergebnis ist für die 5. Untersuchung (U4) statistisch absicherbar. Korrelationsanalytisch findet sich eine direkte Abhängigkeit zwischen der Höhe der Herzfrequenz (HF) und dem subjektiv erlebten Grad der inneren Anspannung (PL 3V Skala nach Plath) ($r = 0{,}65$, $p = 0{,}02$) der Patientengruppe. Des gleichen ergibt sich ein linearer Zusammenhang zwischen der Höhe der Herzschlagrate und dem Faktor Invalidität bei der Patientengruppe ($r = 0{,}45$, $p = 0{,}02$).

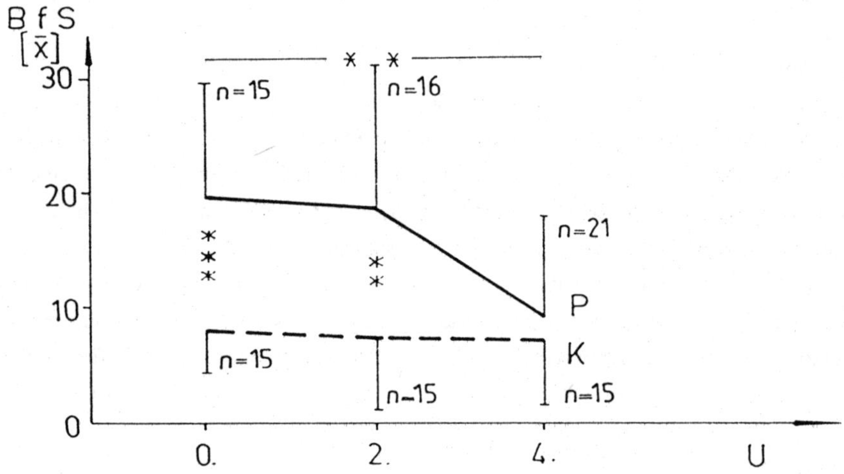

Abb. 3: Bf - S - Summenscore (x, s, n) zur Untersuchung 0, 2 und 4

—— Patienten, ------ Kontrollpersonen

... p < 0,001; .. p < 0,01

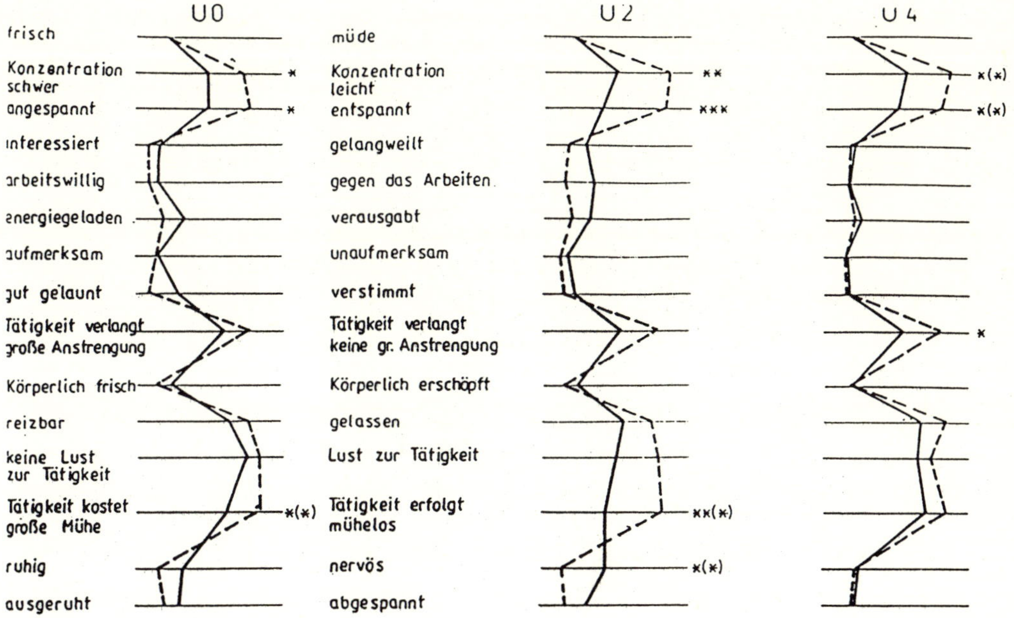

Abb. 4: **Prätestergebnisse (x) der Ratingskala nach Plath zur Untersuchung 0, 2 und 4**

—— Patienten,   ------ Kontrollpersonen

... p < 0,001; .. p < 0,01; . p < 0,05

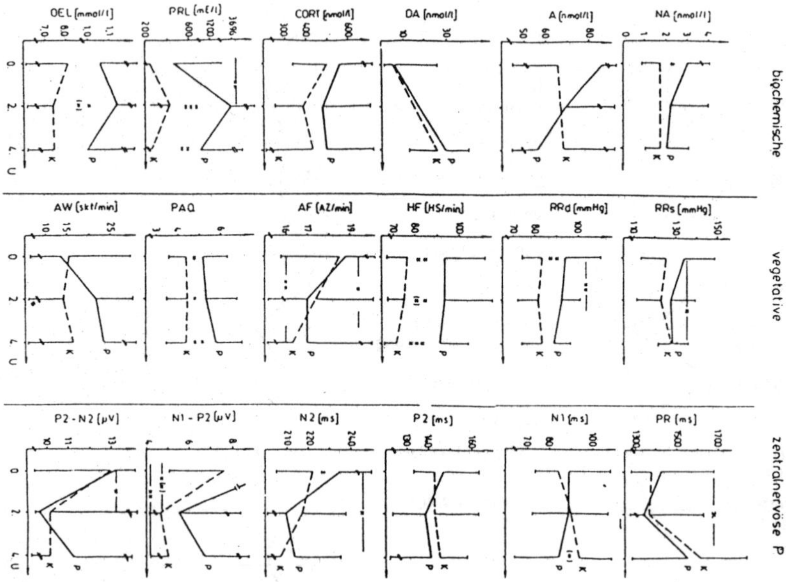

Abb. 5: **Aktivierungsindikationen zur Untersuchung 0, 2 und 4**
—— Patienten, ----- Kontrollpersonen
••• $p < 0{,}001$; •• $p < 0{,}01$; • (•) $p < 0{,}02$
(siehe auch Börner, 1989).

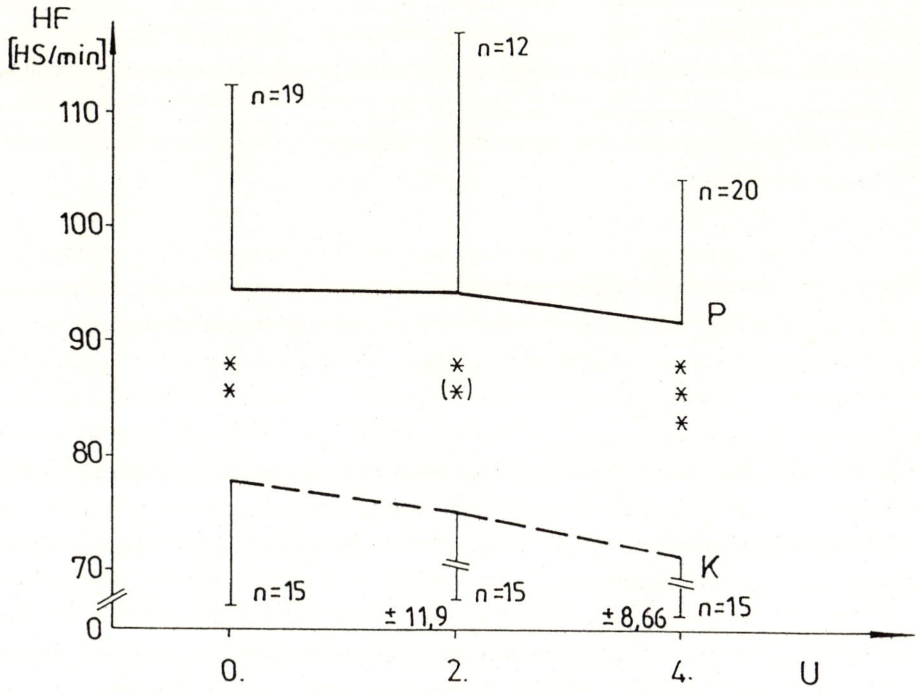

Abb. 6: HF - Prätestwerte (x, s, n) zur Untersuchung 0, 2 und 4

—— Patienten, ------ Kontrollpersonen

... p < 0,001; .. p < 0,01; . (.) p < 0,02

Zusammenfassung und Diskussion

Nach dem Dispositons-Streß-Modell nach Nuechterlein & Dawson (1984) können Belastungssituationen bei entsprechender Disposition hypothetisch zu einer Überforderung der Informationskapazität mit defizienter Verarbeitung sozialer Stimuli und einem autonomen Hyperarousal mit nachfolgender psychotischer Dekompensation führen (Tarrier, 1989). In diesem Kontext interessierte uns die Frage inwieweit Meßwerte des autonomen Arousal diese hypothetischen Sachverhalte widerspiegeln.

Die von uns erhobenen Befunde können in ihrer Gesamtheit als Hinweis auf ein autonomes Hyperarousal in der akuten Krankheitsphase angesehen werden. Unter der Therapie reduziert sich der psychophysische Aktivierungsgrad. Synchron ist die psychopathologische Symptomatik rückläufig. Damit erscheint die Vorstellung plausibel, daß die vorrangig dopaminerg ausgerichtete neuroleptischc Intervention direkt oder indirekt zu einer Tonussenkung des vielgestaltigen konstruktes Arousal führt und nachfolgend die Rückläufigkeit der psychotischen Symptome bewirkt. Nach Fahrenberg (1969) reagieren Aktivierungsindikatoren situations-, motivations- und individualspezifisch. Dies bedeutet, daß psychophysische Belastungen nicht zu einer Aktivierung des gesamten vegetativen Systems führen müssen, sondern es können, auch in Abhängigkeit von der Belastungshöhe, auch nur einzelne Aktivierungsindikatoren reagieren (Sharpley et al., 1989). Bedenkt man, daß der autonome Aktivierungsgrad sympathische und parasympathische sowie auch retikuläre und andere zentralnervöse Einflüsse repräsentiert (Corrigan, 1989), so könnten außerdem verschiedene Situationen und Motivationen diese Anteile in unterschiedlichem Ausmaß erregen. Dem könnte das Verhalten der mittleren Herzfrequenz der Patientengruppe im Untersuchungszeitraum entsprechen. Im Gegensatz zu den weiteren Aktivierungsindikatoren sind die primär erhöhten Ausgangswerte der Herzschlagrate (medikamentenfrei!) im Therapiezeitraum nicht rückläufig. Nach der Literatur haben cardiovaskuläre Parameter repoduzierbar bei schizophrenen Patienten eine Sensitivität gegenüber dem Arousal gezeigt (Zahn et al., 1981; Dobson und Neufeld, 1989). Dies betrifft sowohl das Messen erhöhter Ruhewerte bei schizophrenen Kranken (Börner, 1973; Gruzelier, 1975; Fenz 1979) als auch veränderte Reaktionsweisen der Herzschlagrate in Belastungssituationen (Steinhammer und Mitarb., 1992; Hsiau und Mitarb., 1987) im Vergleich mit Normalpersonen. Diese Ergebnisse blieben nicht unwidersprochen (Albus und Mitarb., 1982). Die Inhomogenität somatischer Befunde sind in der Schizophrenieforschung ein immer wiederkehrendes Problem. Hierzu tragen sicher in nicht unerheblichem Maße die Berücksichtigung oder Nichtberücksichtigung externer und interner Faktoren, diagnostische Probleme und grundsätzlich unterschiedliche Untersuchungskonzeptionen bei (Mac Dougall, 1988; Fauchen et al., 1989; Foltin und Fischman, 1990; Tulen et al., 1991).

Im Zusammenhang mit der erhöhten Herzschlagrate bei schizophrenen Psychosen wird insbesondere der cholinerge Einfluß der neuroleptischen Medikation diskutiert. Hinsichtlich unserer Ergebnisse ist jedoch nicht zu übersehen, daß die mittlere Herzfrequenz der Patienten sowohl medikamentenfrei (U0) als auch bei einer Verlaufsmedikation, die um den Faktor 10 variiert (45 mg Haldol Tagesdosis U2; 4,5 mg Haldol Tagesdosis U4) eine bemerkenswerte Stabilität aufweist. In psychophysiologischen Studien zur Orientierungsreaktion konnte ein direkter Zusammenhang zwischen einer hohen Aktivität der Herzfrequenz und einem ungünstigen stationären Therapieverlauf bei schizophren Erkrankten nachgewiesen werden (Frith et al., 1979; Zahn et al., 1981; Straube et al., 1987). Straube (1989) hebt hervor, daß in diesen Studien die Meßwerte des autonomen Nervensystems eindeutig vor Beginn der neuroleptischen Therapie erhoben wurden und somit die Ergebnisse nicht von Therapieeffekten konfundiert werden konnten. Auch Nielsen et al. (1988) kamen im Ergebnis einer Untersuchung mit unbehandelten schizophren Erkrankten, schizophrenen Patienten mit standardisierter neuroleptischer Medikation und gesunden Vergleichspersonen zu dem Schluß, daß bei schizophren Erkrankten die Balance im autonomen Nervensystem unabhängig von der neuroleptischen Medikation i. S. einer Übererregtheit des sympathischen und des parasympathischen Anteils gestört ist. Aus seiner Sicht handelt es sich dabei um eine Dysfunktion des autonomen Nervensystems in sich, wobei Neuroleptika die autonome Reaktivität eher zu normalisieren als zu verursachen scheinen. Der mit der Orientierungsreaktion ermittelte Zusammenhang zwischen hoher Aktivität der Herzfrequenz und ungünstigem stationären Therapieverlauf entspricht möglicherweise dem von uns gefundenen Zusammenhang zwischen hoher Herzschlagrate und Chronizität (Invalidität) der Erkrankung.

Die durchgängig erhöhte Herzfrequenz könnte somit Ausdruck eines permanenten Hyperarousal, spezifisch an diesem Parameter meßbar, sein. Die Herzfrequenz wäre dann als stimulus-(sprich: krankheits-) spezifischer psychophysischer Parameter i. S. eines State-markers zu sehen. In diese Richtung weist auch die klinische Beobachtung, daß chronisch schizophrene Kranke häufig eine Ruhetachykardie um 100 Herzschläge/min. unabhängig von Art und Dosis des verabreichten Neuroleptikum aufweisen. Hierbei handelt es sich in der Regel eher um Patienten mit deutlichen Rückzugstendenzen i. S. eines protektiven Reizschutzverhaltens.

Darüber hinaus sind es insbesondere diese Patienten, die in veränderten Lebenssituationen oder in Situationen, die mit einem hohen Erwartungsdruck wie z. B. Gespräche mit Behörden oder einem evtl. potentiellen Arbeitgeber einhergehen zu Krankheitsrezidiven neigen. In diesem Kontext könnte es hypothetisch möglich sein, daß die erhöhte Herzfrequenz bei schizophrenen Kranken eine nach wie vor bestehendes Overarousal anzeigt, und daß eine allgemeine Erwartungsspannung als kognitive Irritation zu einer Steigerung des Aktivationsgrades eines Ausmaßes führt, welches zur psychotischen Dekompensation disponiert. Damit könnte eine kognitive Dysfunktion, möglicherweise auch i. S. von Versagens- oder Krankheitsbefürchtungen eine Vermittlerrolle zwischen Overarousal und manifester schizophrener Erkrankungen führen.

Literatur

Adler, G. (1991) Die Hyperarousal-Hypothese: Neue Aspekte eines neurophysiologischen Konzeptes der endogen Psychosen. Fortschr. Neurol. Psychiat. 59: 203-206

Albus, M. (1977) Spezifitätsprobleme physiologischer Parameter in experimentellen Streßsituationen. Dipl.-Arb. Universität München

Balon, R., Ortiz, A., Pohl, R. et al. (1988) heart rate and blood pressure during placebo-associated attacks. Psychom. Med. 50: 434-438

Birchwood, M., Raymond, C. (1990) Families coping with schizophrenia: coping styles, their origins and correlates. Psychol. Med. 20: 857-865

Bogerts, B. (1992) Hirnstrukturelle Untersuchungen an schizophrenen Patienten und deren klinische Bedeutung. In: Steinberg, R. (Hrsg.) Schizophrenie. Klingenmünster: Tilia

Börner, I. (1989) Belastungsabhängige Parameter im Therapieverlauf und nach konzentrativer Beanspruchung bei schizophrenen Psychosen - ein multivariater Untersuchungsansatz. Habilitation Universität Rostock

Börner, J. (1973) Zur differentialdiagnostischen Bedeutung der Pulsfrequenz bei akuten endogenen Psychosen. Dissertation Universität Kiel

Brenner, H.D., Hodel, B., Genner, R. et al. (1992) Biological and cognitive vulnerability factors in schizophrenia: Implications for treatment. Br. J. Psychiatr. 161 (Suppl.): 154-163

Broadbent, D.E. (1958) Perception and communication. Oxford: Pergamon

Broen Jr., W.E., Storms, L.H. (1966) Lawful disorganization: The process underlying a schizophrenic syndrome. Psychol. Rev. 73: 265-279

Claridge, C.S. (1967) Personality and arousal: A psychophysiological study of psychiatric disorder. New York: Macmillian

Corrigan, P.W., Stolly, M.R., Davies-Farmer, R.M. (1989) Cardiovascular responsivity in schizophrenics to videotaped social vignettes. Psychol. Rep. 65: 847-850

Dobson, D., Neufeld, R.W. (1989) Stress responses and coping propensity among paranoid and non-paranoid, episodic and remitted schizophrenics. Can. J. Behav. Science 21: 280-294

Döcke, F. (1981) Veterinärmedizinische Endokrinologie. Jena: Fischer

Done, D.J. (1990) The arousal hypothesis of schizophrenia: Current status. Br. J. Hosp. Med. 43: 407

Ebert, D., Feistel, H., Barocka, A. (1991) SPECT und PET in psychiatrischer Forschung und Klinik. Ein kritischer Überblick. I. Die Schizophrenien. Nervenheilkunde 10: 183-187

Fahrenberg, J. (1969) Die Bedeutung individueller Unterschiede für die Methodik der Aktivierungsforschung. In: Schönpflug, W. (Hrsg.) Methoden der Aktivierungsforschung. Bern, Stuttgart: Huber

Fahrenberg, J., Myrtek, M. (1967) Zur Methodik der Verlaufsanalyse: Ausgangswerte, Reaktionsgrößen (Reaktivität) und Verlaufswerte. Psychol. Beitr. 10: 58-77

Fauchen, B.A., Lille, F., Baulon et al. (1989) Heart rate and blood pressure reacitivity during active coping with a mental task in healthy 18- to 73-year-old subjects. Gerontology 35: 19-30

Fenz, W.D., Velner, J. (1970) Physiological concomitants of behavioural indexes in schizophrenia. J. Abnorm. Psychol. 76: 27-35

Fish, F. (1963) The unitary psychosis - A neurophysiological model. Couf Psychiat. 6: 156-170

Foltin, R.W., Fischman, M.W. (1990) The effects of combinations of intranasal cocaine, smoked marijuana and task performance on heart rate and blood pressure. Pharmacol. Biochem. Behav. 36: 311-315

Freedman, R.R., Ianni, P., Ettedgui E. et al. (1984) Psychophysiological factors in panic disorders. Psychopathology 17: 66-73

Günther, W. (1991) MRI-SPECT und PET-EEG Befunde gestörter Hirnfunktion bei Schizophrenen. In Steinberg, R. (Hrsg.) Schizophrenie. Klingenmünster: Tilia

Gur, R.E., Gur, R.C., Skolnick, B.E. et al. (1985) Brain function in psychiatric disorders. III. Regional cerebral blood flow in unmedicated schizophrenics. Arch. Gen. Psychiatr. 42: 329-334

Häfner, H. (1989) Ist Schizophrenie eine Krankheit? Nervenarzt 60: 191-199

Hartwich, P. (1980) Schizophrenie und Aufmerksamkeitsstörungen. Berlin, Heidelberg: Springer

Hsiao, J.K., Lynch, J.J., Foreman, P.J. et al. (1987) Cardiovascular response to speaking in schizophrenics. Psychiatr. Res. 22: 69-79

Karen, L.D., Sarnoff, A.M., Ricardo, A.M. et al. (1992) Adult third ventricle width and infant behavioral arousal in groups at high and low risk for schizophrenia. Schizophrenia Res. 7: 13-18

Koukkou-Lehmann, M. (1987) Hirnmechanismen normalen und schizophrenen Denkens. Berlin, Heidelberg, New York: Springer

Mc Dougall, J.M., Musante, L., Castillo, S. et al. (1988) Smoking, caffeine and stress: effects on blood pressure and heart rate in male and female college students. Health Psychol. 7: 461-478

Mace, R.D., Carroll, D. (1989) The effect of stress inoculation training on self-reported stress, observer's rating of stress, heart rate and gymnastics performance. J. Sports Sci. 7: 257-266

Nielsen, B.M., Mehlsen, J., Behnke, K. (1988) Altered balance in the autonomic nervous system in schizophrenic patients. Clin. Physiol.. 8: 193-199

Nitsch, J.R. (1981) Theorien, Untersuchungen, Maßnahmen. Bern, Stuttgart: Huber

Nuechterlein, K.H., Dawson, M.E. (1984) Information processing and attentional functioning in the development course of schizophrenic disorders. Schiz. Bull. 10: 160-203

Oepen, G. (1988) Emotionale Irritierbarkeit der rechten Hemisphäre bei akut Schizophrenen. In: Kaschka, W.P., Joraschky, P., Lungershausen, E. (Hrsg.) Die Schizophrenien - Biologische und familiendynamische Konzepte zur Pathogenese. Berlin, Heidelberg, New York: Springer

Overall, J.E., Gorham, D.R. (1962) The Brief Psychiatric Rating Scale. Psychol. Rep. 10: 799-812

Plath, H.E., Richter, P. (1978) Der BMS (I) Erfassungsbogen - Ein Verfahren zur skalierten Erfassung erlebter Beanspruchungsfolgen. Probl. Ergeb. Psychol. 65: 45-85

Plaum, E. (1975) Experimentalpsychologisch fundierte Theorien der kognitiven Störungen bei Schizophrenien. Fortschr. Neurol. Psychiat. 43: 1-41

Poljakov, G.I. (1973) Schizophrenie und Erkenntnistätigkeit. Stuttgart: Thieme

Retterst, I.N. (1987) Schizophrenie - Verlauf und Prognose. In: Kisker, K.P., Lauter, H., Meyer, J.E. et al. (Hrsg.) Psychiatrie der Gegenwart. Bd. 4. Schizophrenien. Berlin, Heidelberg, New York: Springer

Riederer, P., Kornhuber, J., Lange, K.W. (1992) Die Glutamathypothese der Schizophrenie. In: Steinberg, R. (Hrsg.) Schizophrenie. Klingenmünster: Tilia

Rüther, E. (1986) Wirkungsverlauf der neuroleptischen Therapie. Stuttgart, New York: Fischer

Schaefer, H. (1976) Stress als gesellschaftliches Problem. In Eiff v., A.W. (Hrsg.) Seelische und körperliche Störungen durch Stress. Stuttgart: Fischer

Scheuch, K., Schreinicke, G. (1986) Stress-Gedanken, Theorien, Probleme. Berlin: Volk und Gesundheit

Sharpley, C.F. (1989) Biofeedback training versus simple instructions to reduce heart rate reactivity to a psychological stressor. J. Behav. Med. 12: 435-447

Sharpley, C.F., Scuderi, C.S., Hefferman, C.J. (1989) Reliability of heart rate reactivity to a psychological stressor. Percept. Mot. Skills 68: 319-322

Spitzer, R.L., Endicott, J., Robins, E. (1982) Internationale Skalen für Psychiatrie Forschungs-Diagnose-Kriterien (RDC) - Deutsche Bearbeitung. Weinheim, Basel: Beltz

Spohn, H.E., Locoursiere, R.B., Thompson, K. et al. (1971) Phenothiazine effects on psychological dysfunctions in chronic schizophrenics. Arch. Gen. Psychiatr. 34: 633-644

Steinhauer, S.R., Jennings, R., Kammen v., D.P. et al. (1992) Beat by beat cardial responses in normals and schizophrenics to events varying in conditional probability. Psychophysiology 29: 223-231

Tarrier, N. (1989) Elektrodermale Aktivität, Expressed Emotion und Verlauf in der Schizophrenie. In: Böker, B., Brenner, H.D. (Hrsg.) Schizophrenie als systemische Störung. Bern, Stuttgart, Toronto: Huber

Tulen, J.H., Molemann, P., Boomsma, F. et al. (1991) Dose-depent effects of intravenous lorazepam on cardiovascular activity, plasma catecholamines and psychological functioning during rest and mental stress. Psychopharmacology 105: 77-83

Venables, P.H. (1973) Input regulation and psychopathology. In: Hammer, M., Salzinegk, K., Sutton, S. (Eds.) Psychopathology contributions from social, behavioural and biological science. New York: Wiley

Zahn, T.P., Carpenter, W.T., Mc Glashan, T.H. (1981) Autonomic nervous system activity in acute schizophrenics. I. Methods and comparison with normal controls. Arch. Gen. Psychiatr. 38: 251-258

Zerssen v., D., Koeller, D.M., Rey, E.R. (1970) Die Befindlichkeitsskala (B-S) - ein einfaches Instrument zur Objektivierung von Befindlichkeits-Störungen, insbesondere im Rahmen von Längsschnitt-Untersuchungen. Arzneimittel Forsch. 20: 915-918

Zubin, J., Spring, B. (1977) Vulnerability - a new view of schizophrenia. J. Abnorm. Psychol. 86: 103-126

Bewegung durch Handlungsorientierung
Wille und Handlungsregulation bei Angsterkrankungen

Johanna Hartung und Dietmar Schulte

Nachdem Herr K. einige Zeit lang vergeblich versucht hat, die Unzuträglichenkeiten am Arbeitsplatz zu verändern bzw. sich damit zu arrangieren, hat er sich nun nach einigem Abwägen entschieden, seinen Vorgesetzten darauf anzusprechen und um Abhilfe zu bitten. Die Umsetzung dieses Vorhaben stößt nun auf einige äußere Hindernisse und innere Widerstände. Der Vorgesetzte ist terminlich stark eingebunden, und es bedarf einiger Hartnäckigkeit, um einen Gesprächstermin zu erhalten. Herrn K.s innere Widerstände manifestieren sich in Befürchtungen, seine Beschwerde könne möglicherweise das Arbeitsklima beeinträchtigen und in der Versuchung, anstatt des unangenehmen Gesprächstermins doch lieber mit den Kollegen gemütlich einen Kaffee zu trinken. Ob es nun Herrn K. gelingt, sein Vorhaben trotz äußerer und innerer Hindernisse bis zur Zielerreichung zu verfolgen, hängt von dem erfolgreichen Einsatz von Willensprozessen ab.

Willenskonzepte in der empirischen Psychologie

Die Psychologie der Volition definiert den Willen als eine Konfiguration komplexer psychischer Prozesse, die die Umsetzung einer Absicht, das Beibehalten eines Ziels auch angesichts von Zielkonflikten, externen Versuchungsquellen oder anderen Realisierungschwierigkeiten unterstützen. Die in Vergessenheit geratene deutsche Willenspsychologie (Ach, 1910; Zeigarnik, 1927; Lewin, 1926), die mit experimentellen Methoden volitionale Prozesse der Bildung und Verwirklichung von Intentionen zu erhellen versuchte, wurde zu Beginn der 80iger Jahre von Heckhausen und Kuhl (1985) unter Einbeziehung der Dynamischen Handlungstheorie (Atkinson und Birch, 1970) neu aufbereitet. Während bis dahin in der Motivationspsychologie vor allem die Intentionsbildung, die Phase des Wünschens, Abwägens und Entscheidens im Vordergrund des Interesses standen, widmet Heckhausen in seinem *Rubikonmodell der Handlungsphasen* (Heckhausen, 1987; Heckhausen und Gollwitzer, 1987) gerade der daran anschließenden *volitionalen Phase*, in der die Person versucht, eine gefaßte Intention zu verwirklichen, besondere Aufmerksamkeit. Die volitionale Phase umfaßt eine *präaktionale Phase*, in der die Intention bereits mental repräsentiert ist, aber eine Gelegenheit zu ihrer Initiierung noch abgewartet bzw. aktiv hergestellt werden muß, und eine *aktionale Phase*, in der die Person aktiv handelnd ihre Intention zu verwirklichen versucht. Die volitionale Phase schließt mit einer Deaktivierung der Intention ab, falls die Intention erfolgreich realisiert wurde oder auch falls die Intentionsverwirklichung derzeit (oder überhaupt) nicht realisierbar erscheint.

Volitionale Prozesse sind bedeutsam in der Phase der Handlungsregulation, in der eine bereits generierte Intention solange gegenüber konkurrierenden Handlungstendenzen abgeschirmt werden muß, bis eine Gelegenheit besteht (oder auch aktiv hergestellt wurde), sie aktional anzugehen und zu verwirklichen. Volitionale Strategien, die zur Abschirmung der verfolgten Intention eingesetzt werden können, sind z.B. die Motivations-, Aufmerksamkeits-, Emotionskontrolle, die Mißerfolgs-, Aktivierungs- und Initiierungskontrolle (Kuhl, 1994; Kuhl, im Druck). So wird die Motivation durch eine Fokussierung attraktiver Anreize des intendierten Ziels gestärkt, die Aufmerk-

samkeit wird auf Zielrelevantes gerichtet, handlungshinderliche Stimmungen - insbesondere nach Mißerfolg - werden soweit wie möglich modifiziert und Mißerfolge zur Fehlerkorrektur und Strategiemodifikation genutzt. Handlungsschritte werden zu einem optimalen Zeitpunkt initiiert. Situationsunangemessene Handlungsziele werden zurückgestellt und bei adäquaten Kontextbedingungen reaktiviert.
Die Effizienz der durch die genannten volitionalen Strategien unterstützten Abschirmprozesse wird im Kuhl'schen Modell der Handlungskontrolle (Kuhl, 1983; 1985; 1987; Kuhl und Beckmann, 1994) durch die kognitiven Kontrollmodi *Handlungs- versus Lageorientierung* moderiert.

Während im Modus der Handlungsorientierung die Komponenten einer Intention (Ist- und Zielzustand, angemessene Handlungsstrategien zur Erreichung des Zielzustandes und eine Selbstverpflichtung auf die Verwirklichung der Intention) kognitiv repräsentiert sind, findet in einem lageorientierten Modus eine Fixierung auf die derzeitige (insbesondere mißliche) Lage oder den angestrebten (nicht erreichten) Zielzustand statt, ohne daß Handlungsstrategien oder eine Selbstverpflichtung auf die Realisierung dieser Absicht hinreichend repräsentiert sind (Kuhl, 1985). Diese für den Modus der Lageorientierung typische Zustandsfixierung bindet kognitive Verarbeitungskapazitäten und behindert die Initiierung und Verwirklichung von Intentionen. Bedeutsam wird der kognitive Kontrollmodus bei Planungs- und Entscheidungsprozessen, im Prozeß der Ausführung von Handlungen und beim Umgehen mit Handlungshindernissen und Mißerfolgen bei der Realisierung einer Absicht.

In Planungs- und Entscheidungsprozessen äußert sich Lageorientierung in Unentschlossenheit, anhaltendem Abwägen und einer Verzögerung der zur Umsetzung der Intention notwendigen Handlungsschritte. Handlungshemmende Emotionen (z.B. Mutlosigkeit) manifestieren sich in anhaltendem Grübeln über die mit der Umsetzung der Intention möglicherweise verbundenen Schwierigkeiten. Lageorientierung im Prozeß der Ausführung von Tätigkeiten äußert sich in einer Überbetonung des angestrebten Zielzustandes, einem Mangel an handlungsfördernden Emotionen (Stolz, Freude, Neugier), einer Anfälligkeit für internale und externale Störungen und behindert ein Involviertsein in das aktuelle, der Intentionsverwirklichung dienende Tun.
Lageorientierung im Umgang mit Mißerfolg und Überforderung äußert sich in einer kognitiven und emotionalen Fixierung auf den unerreichten Zielzustand oder die gegenwärtige, mißliche Lage. Die Unfähigkeit, sich davon zu lösen, anhaltendes Grübeln und intrusive Gedanken okkupieren kognitive Kapazitäten und blockieren damit die Generierung modifizierter Handlungsstrategien oder neuer Intentionen.

Handlungs- versus Lageorientierung können als Persönlichkeitsdisposition und auch als aktualisierter Modus aufgefaßt werden. Dispositionelle lageorientierte Personen neigen insbesondere in Belastungssituationen dazu, in einen lageorientierten Modus zu verfallen und darin zu verharren. Die Umsetzung von Handlungsabsichten, die Handlungskontrolleffizienz, ist in diesem Zustand beeinträchtigt. Dispositionell handlungsorientierte Personen neigen demgegenüber dazu, auch - oder gerade - unter Belastung volitionale Strategien gezielt einzusetzen und ihre Handlungskontrollkompetenz optimal auszuschöpfen. Handlungsorientierung als aktuell evozierter Zustand wird, wie experimentelle Studien zeigen (Übersicht in Kuhl, 1992; 1994), situativ angeregt durch die Instruktion, problemlösungsrelevante Gedanken zu verbalisieren und durch das Erleben von Erfolg und Kontrollierbarkeit. Lageorientierung wird demgegenüber situativ begünstigt u.a. durch die Instruktion, eigene Gedanken und Gefühle zu analysieren, durch die Unterbrechung zielgerichteter Handlungen, durch fortgesetzte Mißerfolgserfahrung und Kontrollverlust und durch unrealistische, kontextinadäquate Intentionen.

Operationalisierung des Konstrukts der Handlungs- versus Lageorientierung

Sowohl zur Erfassung von Handlungs- versus Lageorientierung als dispositionellem Merkmal einer Person (*trait*), als auch zur Erfassung von Handlungs- versus Lageorientierung als aktualisiertem, transitorischem Kontrollmodus (*state*) einer Person liegen Operationalisierungen in Form elaborierter Meßinstrumente vor.

- Dispositionelle Handlungs- versus Lageorientierung

Zur Erfassung des dispositionellen Kontrollmodus liegt ein von Kuhl entwickelter Fragebogen (HAKEMP) vor, die im Laufe seiner Erprobung mehrere Revisionen (1982; 1985; 1988; 1990) erfuhr. (Zur testtheoretischen Fundierung und Überprüfung der Gütekriterien s. Kuhl, 1994b). In diesem Selbsteinschätzungsinstrument werden Alltagssituationen vorgegeben, in denen Planungs- und Entscheidungsprozesse, Mißerfolg, Mißgeschick und Handlungshindernisse und erfolgreiche Tätigkeitsausführung angesprochen werden. Der Proband kann sein für diese Alltagssituationen typisches Erleben und Verhalten einer handlungs- versus einer lageorientierten Antwortalternative zuordnen. Die Kennwertbildung basiert auf der Addition der handlungsorientierten Antworten, so daß Handlungs- und Lageorientierung in ihrer Operationalisierung keine diskreten Kategorien, sondern Pole auf einem Kontinuum darstellen. Die Kennwertbildung erfolgt auf drei Skalen

1.) Themenbereich Planung mit den theoretisch definierten Polen Zögern versus Initiative

2.) Themenbereich Mißerfolg mit den Polen Präokkupation versus Loslösung

3.) Themenbereich erfolgreicher Tätigkeitsausführung mit den Polen Unbeständigkeit versus Beständigkeit.

Im Rahmen der *Bochumer Angsttherapiestudie* (Schulte, Künzel, Pepping et al., 1991) entwikkelten Hartung und Schulte-Bahrenberg in Anlehung an das theoretische Konzept von Kuhl und die formale Struktur des HAKEMP einen Fragebogen, der spezifisch für die Population von Personen mit klinisch bedeutsamen Ängsten den dispositionellen Kontrollmodus in angstrelevanten Kontexten erfaßt, die *HOLO-Angstskala* (Hartung, 1990). Die Summe der handlungsorientierten Antworten auf dem 22 Items umfassenden, einfaktoriellen Instrument wird als Kennwert für die Ausprägung *dispositioneller Handlungsorientierung in angstrelevanten Kontexten* interpretiert.

Bei spezifischen Fragestellungen bietet sich die Bildung themenbereichsspezifischer Kennwerte, analog zu den Skalen des HAKEMP, an.
Beispielitems (die handlungsorientierten Antwortalternativen sind mit * gekennzeichnet):

Themenbereich *Planung und Entscheidung*

Wenn eine Anforderung auf mich zukommt, die mir Angst macht, dann

___ bringe ich die Sache so schnell wie möglich hinter mich*
___ schiebe ich die Sache solange wie möglich hinaus.

Wenn ich etwas Schwieriges vor mir habe, dann

___ male ich mir häufig aus, was alles dabei passieren könnte
___ beachte ich nur die wichtigsten Dinge in meiner Planung. *

Themenbereich *Tätigkeitsausführung*

Wenn ich in einer Situation wider Erwarten keine Angst verspüre, dann

___ konzentriere ich mich voll auf das, was ich gerade tue *
___ beobachte ich sorgfältig, ob nicht doch Anzeichen von Angst da sind.

Wenn ich mich in einer Situation wohlfühle, dann

___ denke ich oft daran, wie schade es ist, daß mir die Angst soviele schöne Erlebnisse verwehrt
___ genieße ich den Moment voll. *

Themenbereich *Mißerfolg und Belastung*

Wenn meine Angstprobleme mich daran hindern, ein bestimmtes Ziel zu erreichen, dann

___ beschäftigt mich der Gedanke an dieses unerreichte Ziel noch lange
___ gehe ich bald zu anderen Aktivitäten über. *

Wenn ich sehe, wie ich Angst vor etwas habe, was anderen anscheinend nichts ausmacht, dann

___ grüble ich, wieso ich anders bin als andere
___ überlege ich, wie ich die Anforderung trotzdem bewältigen kann. *

- Aktualisierte Handlungs- versus Lageorientierung

Im Rahmen der *Bochumer Angsttherapie Studie* entwickelte Hartung (1990) ein Beobachtungsinstrument (vgl. Schulte, Elke, Hartung et al., 1994), das den semantischen Gehalt freier Sprachäußerungen bezüglich ihres handlungs- bzw. lageorientierten Aufmerksamkeitsfokus erfaßt, das *Zeichensystem zur Erfassung der Handlungs- und Lageorientierung in verbalen Äußerungen (Z-HOLO)*. Gemäß einem *pragmatischen Klassifikationsprinzip* (Russell und Stiles, 1979; Russel, 1988) wird der handlungskontrollthematische Gehalt einer Äußerung als Indikator für den *aktuell aktivierten handlungs- oder lageorientierten Modus* des Sprechers interpretiert. Angewandt auf eine dyadische Interaktion umfaßt eine Beobachtungseinheit in der Regel einen Sprecherzug. Der Vorgang des Kodierens (Raterübereinstimmung nach Cohen's Kappa .88 bis .93) erfolgt anhand von Ton- oder Videoaufzeichnungen in einer hierarchisch strukturierten

Folge. In einem ersten Schritt werden aus dem Strom der Aussagen solche identifiziert, in denen einer der drei *Themenbereiche* angesprochen wird, in dem Handlungs- bzw. Lageorientierung bedeutsam wird (Planung, Entscheidung - Mißerfolg, Überforderung - erfolgreiche Tätigkeitsausführung). In einem zweiten Schritt wird der in den selegierten Aussagen angesprochene intentionale und situative Kontext näher spezifiziert (Zuweisung zu einer *Kontextkategorie*). In einem dritten Schritt wird das in diesem Kontext beschriebene Erleben und Verhalten der Person mit Hilfe einer der *Aktionskategorien* charakterisiert, die über eine Grobeinteilung in handlungs- versus lageorientiertes Erleben und Verhalten eine weitere Spezifizierung erlauben. In dieser Weise wird die Äußerung eines Sprechers einer komplexen Kategorie zugewiesen, die - gemäß dem interaktionistischen Konzept des Konstrukts der Handlungs-/Lageorientierung - eine Kombination von einem spezifischen situativem und intentionalem Kontext (*Kontextkategorien*) und einęm spezifischen Erleben und Verhalten (*Aktionskategorien*) darstellt. Äußerungen, die keinen der drei Themenbereiche ansprechen oder bei dem das beschriebene Erleben und Handeln nicht unter der Perspektive des Konstrukts der Handlungs-/Lageorientierung betrachtet werden kann, werden als *handlungskontrollthematisch neutral* kodiert (**Abb. 1**).

Kodierbeispiel:

Ein Patient berichtet, er habe sich vorgenommen, seine soziale Isolation zu überwinden, indem er Kontakte zu alten Bekannten durch einen Besuch reaktiviert. Dazu führt er aus, er befürchte, seine Bekannten könnten sich durch sein plötzliches Auftauchen möglicherweise bedrängt fühlen, was ihm sehr unangenehm wäre.
Die Absicht, einen Besuch zu machen, Kontakte zu reaktivieren, weist auf einen Planungs- und Entscheidungsprozeß (Themenbereich Planung) im speziellen eine Problemlösungsintention (Kontextkategorie PP), definiert als komplexes Problem und unvertrautes Vorhaben, hin. Die Befürchtungen des Patienten deuten auf einen lageorientierten Modus des Patienten hin, der sich als Mißerfolgsorientierung (Aktionskategorie LPMO) bezeichnen ließe, definiert als Gedanken, Sorgen bezüglich der mit dem Vorhaben möglicherweise verbundenen Fehlschläge und Schwierigkeiten. Die Äußerung des Patienten würde somit der Kategorie PP-LPMO zugewiesen. Würde der Therapeut auf den Gesprächsbeitrag des Patienten mit der Äußerung "... und das belastet Sie?!" reagieren, bliebe der Aufmerksamkeitsfokus weiterhin auf diese lageorientierte Betrachtungsweise gerichtet. In diesem Falle wäre auch die Replik des Therapeuten als lageorientiert einzustufen (PP-LPMO). Demgegenüber wäre eine Therapeutenäußerung "Was könnten Sie tun, um sicherzustellen, daß Sie nicht ungelegen kommen?" als handlungsorientiert zu kategorisieren, da sie den Aufmerksamkeitsfokus auf eine Strategieorientierung (PP-HPSO) richtet.

Beziehen sich die Aussagen des Sprechers nicht auf eigene Anliegen, sondern auf die einem Gesprächspartner unterstellten, wie es in dem vorgestellten Beispiel für die Äußerung des Therapeuten zutrifft, repräsentieren die Äußerungen des Sprechers nicht dessen eigenen Modus, sondern eine *Aufmerksamkeitsfokussierung* (handlungs- oder lageorientiert) auf die Anliegen des anderen. Die Aufmerksamkeitsfokussierung kann unter dem Gesichtspunkt der Aufmerksamkeitssteuerung im Interaktionsprozeß bezüglich ihrer Wirksamkeit untersucht werden.

Empirische Befunde

Das volitionale Konstrukt der Handlungs-versus Lageorientierung regte in den letzten Jahren, über die Allgemeine Psychologie hinausreichend, Theoriebildung und Forschungsansätze im Bereich der Klinischen Psychologie an (Brunstein, 1989; Hartung, 1990; 1993; Hartung und

Planungsbezogene Handlungs- und Lageorientierung

P Planungsbezogene Kontextkategorien:

- PE Entscheidungsintention
- PP Problemlösungsintention
- PT Tätigkeitsintention
- PB Planbehinderung
- PF Handlungsfreiraum

HP Handlungsorientierte, planungsbezogene Aktionskategorien:

- HP-IP Ideenproduktion
- HP-EN Entscheiden
- HP-SO Strategieorientierung
- HP-PM Planmodifikation
- HP-AS Aufgabenstrukturierung
- HP-EL Erledigen
- HP-EK Emotionskontrolle

LP Lageorientierte, planungsbezogene Aktionskategorie

- LP-AW Abwägen
- LP-ZO Zielorientierung
- LP-ÜV Übersichtsverlust
- LP-VE Verzögern
- LP-MO Mißerfolgsorientierung

Mißerfolgsbezogene Handlungs- und Lageorientierung

M Mißerfolgsbezogene Kontextkategorien:

- ML Mißlingen
- MG Mißgeschick
- MÜ Überforderung
- MK Kritik
- MS Schmerzen
- MM Mangel an Unterstützung

HM Handlungsorientierte, mißerfolgsbezogene Aktionskategorien:

- HM-AL Ablenkung
- HM-AF Sich abfinden
- HM-PR Problemreduktion
- HM-SM Strategiemodifikation
- HM-EE Erfolgserwartung

LM Lageorientierte, mißerfolgsbezogene Aktionskategorien:

- LM-ZF Zustandsfixierung
- LM-ZI Zielfixierung
- LM-EF Erklärungsfixierung
- LM-MG Mißerfolgsgeneralisierung

Ausführungsbezogene Handlungs- und Lageorientierung

A Ausführungsbezogene Kontextkategorien:

- AE Erfolg
- AI Interesse
- AW Wohlbefinden

HA Handlungsorientierte, ausführungsbezogene Aktionskategorien:

- HA-TZ Tätigkeitszentrierung
- HA-GE Genießen
- HA-EP Erfolgspermanenz

LA Lageorientierte, ausführungsbezogene Aktionskategorien:

- LA-ZZ Zielzentrierung
- LA-SZ Störungszentrierung
- LA-RP Routinepräferenz

Abb. 1: Zeichensystem zur Erfassung von Handlungs- und Lageorientierung in verbalen Äußerungen (Z-HOLO) (HARTUNG, 1990)

Schulte, 1991, 1994; Hartung, Schulte und Wilke, 1992; Hautzinger, 1994; Hobrücker und Kühl, 1991; Kammer, 1994; Kammer, Behrmann, Siemer et al.,, 1988; Kanfer, 1987; Kazén-Saad und Kuhl, 1989; Kuhl und Helle, 1986, 1994; Kuhl und Kazén-Saad, 1994; Luka-Krausgrill, Wurmthaler, Wiesheu et al., 1992; Munz, Winkow, Kessler et al.,, 1989; Sachse, 1993; Schulte, Hartung und Wilke, 1993; Stiensmeier-Pelster, Meyza und Lenzen, 1989; Straub, R., Mayer, C. und Fröscher, W., 1989; Walschburger, 1994; Wiedemann, Busjahn, Heinrich, et al., 1994; Znoj, Grawe und Jeger, 1993.

An der Ruhr-Universität Bochum wurde seit 1986 eine Reihe von Forschungsarbeiten durchgeführt, die der Frage nachgehen, inwieweit das Konstukt der Handlungs- versus Lageorientierung für das Verständnis von Angststörungen und des psychotherapeutischen Behandlungsprozesses von Bedeutung sein könnte. Eine Auswahl der Forschungsergebnisse soll im Folgenden vorgestellt werden.

Handlungsorientierung und Therapieerfolg phobischer Patienten

Im Rahmen der *Bochumer Angsttherapiestudie* [1] (Näheres zur Hauptfragestellung s. Schulte et al., 1991) wurde untersucht, inwieweit die Handlungs- bzw. Lageorientierung der Patienten für eine erfolgreiche psychotherapeutische Behandlung bedeutsam ist. Es wurde vermutet, daß eine Persönlichkeitsdisposition zur Lageorientierung die Ausbildung und Aufrechterhaltung phobischen Vermeidungsverhaltens begünstigt und ihrerseits durch die fortgesetzte Mißerfolgserfahrung bei der Nichtbewältigung angstrelevanter Situationen verfestigt wird. Der Verhaltensaspekt phobischer Störungen, das Flucht- und Vermeidungsverhalten wurde als Handlungskontrolldefizit konzeptualisiert, bei der es der Person nicht gelingt, die kognitiv präferierte Intention, sich der angstrelevanten Situation zu nähern, gegenüber der emotional präferierten Intention zur Flucht und Vermeidung erfolgreich abzuschirmen. Es wurde erwartet, daß im Verlaufe einer verhaltenstherapeutischen Angstbehandlung die Effizienz der Handlungskontrolle durch einen Aufbau von Handlungsorienierung und eine Überwindung lageorientierter Fixierungen gestärkt wird. Es wurde hypostasiert, daß der langfristige Therapieerfolg durch das Ausmaß der im Therapieverlauf therapeutisch gestärkten Handlungsorientierung prognostiziert werden kann.

In die Untersuchung (Hartung, 1990; Hartung und Schulte, 1991) gingen Daten von 103 der insgesamt 120 Patientinnen und Patienten des *Bochumer Angsttherapieprojektes* ein. Der Anteil von Frauen an der Stichprobe betrug 63%, das Durchschnittsalter 39 Jahre. 81 % der Angstpatienten (Diagnose lt. DSM-III) litten unter einer Agoraphobie. Der Dauer der Angststörung lag im Mittel bei 17 Jahren. Die Patienten erhielten eine verhaltenstherapeutische Angstbehandlung (max. 36 Sitzungen), in der Mehrzahl mit der Methode der Reizkonfrontation in vivo als zentraler Interventionsstrategie. Die Therapien wurden von 27 Diplompsychologen mit verhaltenstherapeutischer Grundausbildung durchgeführt.

---

[1] teilweise gefördert durch Mittel der Deutschen Forschungsgemeinschaft (Schu 358/2)

Zur Ermittlung des Therapieerfolges wurden verschiedene Erfolgsmaße erhoben: Zum ersten das Ausmaß der Angst in drei zuvor individuell bestimmten phobischen Situationen mittels
- Angstreaktionsfragebogen (Kast, 1980)
- Situationsbewertungsskala (Ullrich & Ullrich de Muynck, 1976) bezüglich "Schwierigkeit" und "Bedrohlichkeit"
- Angstthermometer (Walk, 1956).
- Darüberhinaus wurde jeweils seitens Therapeut und Klient anhand der vor Therapiebeginn festgelegten Therapieziele eine Zielerreichungsskalierung (Kiresuk & Sherman, 1968)
- und eine Globalbeurteilung bezüglich der Effizienz der Therapie vorgenommen.

Aus diesen verschiedenen Quellen wurde ein sechs-stufiger Erfolgswert aggregiert. Die Stabilität des Erfolges wurde durch eine Halbjahres- und eine Zweijahreskatamnese überprüft.
Die dispositionelle Handlungsorientierung wurde zu Therapiebeginn, zur zweiten, fünften, 18. Sitzung, zum Therapieende und zu den Katamnesezeitpunkten mittels des HAKEMP 85 und der HOLO-Angstskala erhoben, die im therapeutischen Setting aktualisierte Handlungsorientierung zur zweiten, fünften und 18. Sitzung mittels Z-HOLO.

Die Befunde (Näheres s. Hartung, 1990; Hartung und Schulte, 1991) bestätigen die Annahme, daß Patienten im Laufe einer verhaltenstherapeutischen Angstbehandlung an Handlungsorientierung gewinnen und lageorientierte Fixierungen überwinden. Dies zeigt sich sowohl in der per Selbsteinschätzung ermittelten Persönlichkeitsdisposition als auch im aktuellen Geschehen des therapeutischen Diskurses. Der im Therapieverlauf gewonnene Grad an dispositioneller Handlungsorientierung bleibt im zweijährigen Katamnesezeitraum weitgehend stabil.

Die potentiell erfolgreichen Patienten weisen über den gesamten Erhebungszeitraum hinweg einen geringeren Grad an Lageorientierung auf als die wenig erfolgreichen. Bemerkenswert ist, daß bereits die vor Therapiebeginn erhobene dispositionelle Handlungsorientierung in angstrelevanten Situationen eine Vorhersage des langfristigen Therapieerfolges erlaubt (Korrelation des HOLO-Angst-Skala-Gesamtwertes mit dem Erfolgsmaß zum Zeitpunkt der Zweijahreskatamnese $r=.47$, $p<.001$). Demgegenüber erwiesen sich andere potentielle Prädiktoren, wie die Dauer und der Schweregrad der Störung bei Behandlungsbeginn, die Anzahl der Vorbehandlungen, die mit dem Freiburger Persönlichkeitsinventar (FPI-R von Fahrenberg et al., 1984) und dem State-Trait-Angstinventar (STAI, deutsche Fassung von Laux, Glanzmann, Schaffner et al., 1981) erhobenen klinisch relevanten Persönlichkeitsmerkmale als weniger bedeutsam (Schulte, 1991).
Die beste Vorhersage des Therapieerfolges erlaubt die Kenntnis der dispositionellen und der im therapeutischen Setting aktualisierten Handlungsorientierung zum Zeitpunkt der fünften Sitzung, also noch vor der Hauptinterventionsphase. Gemeinsam klären beide Maße 44 % der Erfolgsvarianz auf. Es erweist sich also als therapeutisch bedeutsam, gerade in der Anfangsphase der Therapie eine handlungsorientierte Bearbeitung der Anliegen des Patienten zu fördern.

Therapeutische Gesprächsstrategien zur Förderung von Handlungsorientierung

Angesichts der dargelegten Bedeutung einer Aktivierung von Handlungsorientierung für den Therapieerfolg phobischer Patienten wurde das Therapeutenverhalten einer Analyse unterzogen. Auf einer Mikroebene des therapeutischen Prozesses sollten Hinweise auf therapeutische Gesprächsstrategien gewonnen werden, die einen förderlichen Einfluß auf die Überwindung von Lageorientierung und den Aufbau von Handlungsorientierung bei Angstpatienten ausüben. Sequenzanalytische Auswertungen auf der Basis loglinearer Modelle (vgl. Mokros, 1985; Iacobucci und Wasserman, 1988; Wiseman und Rice, 1988) lassen diesbezügliche Steuerungsprozesse anhand der aufeinanderfolgenden Sprecherzüge von Therapeut und Patient ermitteln. Dabei zeigte sich, daß weniger das interpersonelle Beziehungsangebot des Therapeuten im Sinne wohlwollender Unterstützung (erfaßt mit dem *Codierungssystem zur Interaktion in der Psychotherapie CIP* von Schindler, Müller, Sieber und Hahlweg, 1986) geeignet ist, die seitens des Patienten aktualisierte Handlungs- oder Lageorientierung zu beeinflussen. Einen nachweisbaren Einfluß nimmt demgegenüber die handlungskontrollthematische Aufmerksamkeitsfokussierung, wie sie der Therapeut selbst modellhaft vornimmt: Spricht der Therapeut die Anliegen des Patienten seinerseits unter einer handlungsorientierten Perspektive an (*impulsgebende Strategie*) oder greift er einen handlungsorientierten Beitrag des Patienten gleichgerichtet auf (*konfirmatorische Strategie*), neigen Patienten überzufällig häufig dazu, eine handlungsorientierte Bearbeitungsweise ihrer Anliegen zu aktivieren. Das Verharren des Patienten in einem lageorientierten Zustand kann der Therapeut durch eine *handlungsorientierte Konfrontation* unterbrechen. Bei mangelnder Aufnahmebereitschaft des Patienten für einen handlungsorientierten therapeutischen Impuls, wie sie sich in einer lageorientierten Replik des Patienten auf eine handlungsorientierte Anregung des Therapeuten niederschlägt, neigen Therapeuten allerdings nicht dazu, auf einer handlungsorientierten Sichtweise zu insistieren. Interessanterweise findet man bei schlecht verlaufenen Therapien, die später abgebrochen wurden, eine Tendenz der Therapeuten, nur die lageorientierten Beiträge des Gesprächspartners kontingent aufzugreifen und die Chance handlungsorientierter Impulsgebung nicht systematisch zu nutzen. (Näheres s. Hartung, 1990; Hartung und Schulte, 1991)

Therapeutische Interventionsmethoden zur Förderung von Handlungsorientierung

Neben den beschriebenen therapeutischen Strategien auf der Mikroebene des therapeutischen Geschehens, lassen sich auch auf der Ebene der Wahl der Interventionsmethode handlungsorientierungsförderliche Strategien identifizieren. Im Rahmen des Forschungsprojektes zur *"Prozeßanalyse der Reizkonfrontation"* [2] wurden 48 Therapien aus der Bochumer Angsttherapiestudie bezüglich des Zusammenhangs zwischen Handlungsorientierung, Therapieerfolg und angewandter Interventionsmethode (Reizkonfrontation-in-vivo versus kognitiv verhaltenstherapeutische Verfahren) untersucht. (Näheres s. Schulte, Hartung und Wilke, 1993).

Der Kern des Rationals von Reizkonfrontationsbehandlungen besteht darin, den Patienten dafür zu gewinnen, die angstauslösende, bisher gemiedenene, bedrohliche Situation aktiv aufzusuchen

[2] gefördert von der Deutschen Forschungsgemeinschaft Schu 358/3-1,2

bzw. herzustellen. Der Patient wird ermutigt, das Angsterleben zuzulassen und durchzustehen und zwar explizit ohne aufmerksamkeitsablenkende und angstreduzierende Strategien oder pharmakologische Unterstützung. Er macht dabei die Erfahrung, daß die erwartete Katastrophe nicht eintritt, sondern die Angst sogar nachläßt. Nach kognitiven Angsttheorien (Clark, 1986; Salkovskis und Clark, 1986; Margraf und Schneider, 1990) bewirkt die Konfrontation und die damit einhergehende Erfahrung, daß es zu einer Unterbrechung eines als Teufelskreis beschreibbaren Aufschaukelungsprozesses von physiologischer Erregung und deren dysfunktionaler Bewertung kommt. Nach Bandura (1986; 1991) erhöht das Erleben des erfolgreiche Meisterns der Angstsituation die Selbsteffizienzerwartung und damit die Bereitschaft, sich weiteren bedrohlichen Situationen zu stellen.

Im Rahmen des Forschungsprojektes zur *Prozeßanalyse der Reizkonfrontation* wurde angenommen, daß bei Reizkonfrontations-Therapien bereits in der Vorbereitung der Hauptinterventionsphase eine vermehrte Handlungsorientierung des Patienten aufgebaut werden muß, um die Methode wirksam durchführen zu können. Es wurde erwartet. daß darüberhinaus die Konfrontationserfahrung selbst eine Stärkung einer handlungsorientierten Herangehensweise an eigene Anliegen bewirkt. Die therapeutische Förderung der Handlungsorientierung des Patienten dürfte demnach sowohl eine Strategie zur Optimierung des Konfrontationsverfahrens darstellen, als auch einen Teil seiner Wirksamkeit ausmachen.

Untersuchungsmaterial waren Videoaufzeichnungen der Therapeut-Patient-Gespräche zu vier verschiedenen Zeitpunkten im Therapieverlauf:
- die 2. Sitzung als stellvertretend für die Anfangsphase,
- die letzte Sitzung vor Einsetzen der Hauptinterventionsmethode (Dieser Zeitpunkt wurde pro Fall anhand der Therapieprotokolle ermittelt und lag zwischen der 3. und 16. Sitzung),
- die erste Sitzung nach Abschluß der Hauptinterventionsphase (Auch dieser Zeitpunkt wurde individuell ermittelt und lag zwischen der 7. und 36. Sitzung)
- und die vorletzte Sitzung als stellvertretend für den Therapieabschluß.

Die Befunde zeigen, daß Reizkonfrontationstherapien bei Angstpatienten ein höheres Niveau an Handlungsorientierung aktivieren als andere, mehr kognitiv verhaltenstherapeutische Verfahren (z.B. Angstbewältigungstraining, kognitive Therapie nach Beck, Problemlösetraining). Bemerkenswerter Weise geschieht dies nicht erst durch die Konfrontationserfahrung selbst, sondern bereits durch die therapeutische Vorbereitung darauf. Der Verlauf der handlungsorientierten therapeutischen Aufmerksamkeitsfokussierung zeigt, daß die Entscheidung des Therapeuten, im weiteren Verlauf der Behandlung den Patienten für eine in-vivo-Konfrontation mit den bisher gemiedenen Angstreizen zu gewinnen, ihn bereits in der Anfangsphase der Therapie dazu veranlaßt, forciert handlungsorientierte Gesprächsakzente zu setzen.
Die in empirischen Wirksamkeitsstudien (vgl. Grawe, Donati und Bernauer, 1994) und auch in

der Bochumer Angsttherapiestudie (Schulte et al., 1991) nachgewiesene Überlegenheit der in vivo Konfrontationsbehandlung gegenüber anderen therapeutischen Verfahren dürfte u.a. über den Wirkmechanismus der Förderung der Handlungsorientierung des Patienten vermittelt sein.

Umgehen mit Mißerfolg, Überforderung und Belastung

Das *Zeichensystem zur Erfassung der Handlungs- und Lageorientierung in verbalen Äußerungen (Z-HOLO)* erlaubt eine nähere Spezifizierung der handlungs- und lageorientierten Bearbeitung von geplanten Vorhaben, von Mißerfolg und Belastung und von erfolgreicher Tätigkeitsausführung. Angesichts der besonderen Bedeutung, die in dem theoretischen Modell der durch Lageorientierung verminderten Handlungskontrolleffizienz (Kuhl, 1987; 1994) den intrusiven, um Mißerfolge und unerreichte Handlungsziele kreisenden Gedanken, zukommt, sollen hier spezifische Befunde zum Umgang von Angstpatienten mit Mißerfolg vorgestellt werden.

Angstpatienten weisen im Vergleich zu einer nicht klinischen Vergleichsgruppe im Umgang mit Mißerfolg in angstunspezifischen Alltagssituationen (Skala Mißerfolg des Kuhl'schen HAKEMP 85) eine stärkere dispositionelle Lageorientierung auf. Im Verlaufe einer verhaltenstherapeutischen Angstbehandlung gewinnen die Patienten sowohl im Umgang mit angstunspezifischen, als auch mit angstrelevanten Mißerfolgen und Belastungen an dispositioneller Handlungsorientierung (Näheres s. Hartung, 1990; Hartung und Schulte, 1994).

Die mißerfolgsthematische Auswertung der Therapeut-Patient-Dialoge des o.g. Forschungsprojektes *"Prozeßanalyse der Reizkonfrontationstherapie"* zeigt, daß der Stellenwert von Mißerfolg, Überforderung und Belastung im Erleben der Patienten im Verlaufe der Therapie abnimmt (von 59% auf 42 % aller handlungskontrollthematischen Gesprächsbeiträge, $F_{3/129} = 11.10$, $p > .001$). Demgegenüber thematisieren Patienten zunehmend eine erfolgreiche Ausführung von intendierten Tätigkeiten (Anstieg von 9% auf 28% aller handlungskontrollthematischen Gesprächsbeiträge, $F_{3/129} = 23.08$, $p < .001$). Auch wenn Mißerfolg, Überforderung und Belastung weiterhin in einem gewissen Ausmaß aktiviert bleiben, gelingt es den Patienten zunehmend, eine lageorientierte Fixierung, ein grüblerisches Verharren in der Beschäftigung mit dem mißlichen Zustand, dem unerrreichten Ziel, dem erlittetenen Mißgeschick oder Mißerfolg zu überwinden (Abfall des Anteils lageorientierter Bearbeitung von Mißerfolg von 73% zu Therapiebeginn auf 57% am Therapieende, $F_{3/126} = 11.06$, p.001). Wenn also am Therapieende Mißerfolg, Überforderung und Belastung noch thematisiert werden, dann geschieht dies in einer mehr handlungsorientierten Weise als in der Therapieanfangsphase.

Mißerfolgsthematische Situationen erleben Patienten im Therapieverlauf weniger als diffuse Überforderung, sondern tendenziell eher als ein spezifisches Mißlingen eines eigenen Vorhabens (Abfall des Anteils der Kontextkategorie MÜ an allen mißerfolgsthematischen Beiträgen von 56% auf 39%, $F_{3/123} = 4.48$, $p > .01$). Diese Tendenz, sich auch im Falle eines unangenehmen Zustandes nicht als hilflos ausgeliefert, sondern als Akteur zu erleben, spiegelt sich auch in einem Rückgang von lageorientierter Zustandsfixierung und Mißerfolgsgeneralisierung (Abfall des Anteils der Aktionskategorie *Zustandsfixierung* von 48% auf 33% und der Aktionskategorie *Mißerfolgsgeneralisierung* von 6% auf 3 % an allen mißerfolgsthematischen Geprächsbeiträgen, $F_{3/126} = 11.51$, $p > .001$, $F_{3/126} = 3.85$, $p = .01$). Lageorientierte *Zustandsfixierung* ist gekennzeichnet durch eine anhaltende gedankliche Beschäftigung mit dem aktuellen unangenehmen Zustand bzw. dem Mißerfolgserlebnis. Bei der *Mißerfolgsgeneralisierung* liegt darüberhinausgehend eine anhaltende Beeinträchtigung der Stimmung, ein genereller Motivationsverlust, Selbstzweifel, Zweifel an der eigenen Normalität, subjektive Schuldzuschreibungen, ein Gefühl der Peinlichkeit, von Kontrollverlust und Hilfslosigkeit und eine generalisierte Mißerfolgserwartung vor.

Der im Therapieverlauf zu beobachtende Zuwachs an handlungsorientierter Bearbeitung vollzieht sich erwartungswidrig nicht in einer Zunahme im Bereich strategischer Überlegungen, wie der Konzentration auf problemlösungsrelevante Gedanken und Tätigkeiten oder einer Modifikation der Lösungsstrategie (Aktionskategorie *Strategiemodifikation*, im Zufallsbereich liegende Schwankung zwischen 12 und 15 % aller mißerfolgsbezogenen Gesprächsbeiträge, $F_{3/126} = 1.03$, $p =$ n.s.). Demgegenüber werden zunehmend emotionsregulierende Bewältigungsstrategien aktiviert, wie die *Erfolgserwartung*, definiert als generalisierte Erfolgserwartung, Zuversicht, Betonen positiver Aspekte der Situation, stimmungsaufhellende Attributionsmuster. (Anstieg der Aktionskategorie *Erfolgserwartung* von 9% auf 14 %, $F_{3/126} = 3.41$, $p > .05$). Den stärksten Anstieg verzeichnet ebenfalls eine emotionsregulierende Strategie und zwar die des sich mit dem unangenehmen Zustand *Abfindens* und Arrangierens (Anstieg der Aktionskategorie *Abfinden* von 3% auf 11%, $F_{3/126} = 6.95$, $p = .001$). Der von Kuhl postulierten Beeinträchtigung der Handlungskontrolle durch "degenerierte Absichten", also die Behinderung kognitiver Verarbeitungskapazitäten und notwendiger Intentionswechsel durch perseverierendes Grübeln bezüglich unerreichter Handlungsziele, scheint demnach im Therapieverlauf erfolgreich gegengesteuert zu werden. Patienten gelingt es zunehmend, sich von aktuell nicht zu verwirklichenden Zielen zu lösen und kognitive und motivationale Kapazitäten für die kontextadäquate Adaptation von Absichten und Handlungen freizusetzen. Dabei scheinen der Ausbau emotionsregulierender Bewältigungsstrategien und die Überwindung dysfunktionaler Attributionsmuster von besonderer Bedeutung zu sein und das im Rahmen verhaltenstherapeutischer Behandlungen.

Handlungsorientierung in der Alltagsinteraktion phobischer Patienten

Im Rahmen der *Bochumer Angsttherapiestudie* wurden Gespräche von Angstpatienten mit ihren Lebenspartnerinnen bzw. -partnern unter handlungskontrollthematischen Gesichtspunkten analysiert (Näheres s. Hartung, 1993). Dies erfolgte an einer Stichprobe von 20 Patient-Partner-Dyaden. Gegenstand der Analyse waren Videoaufzeichnungen von Paargesprächen vor Therapiebeginn und nach Abschluß der Therapie, in denen die Patienten mit ihren Partnern zum Umgehen mit der Angstproblematik im gemeinsamen Alltag diskutierten.

Die Analyse der Gespräche mit dem *Zeichensystem zur Erfassung von Handlungs- und Lageori-*

entierung in verbalen Äußerungen (Z-HOLO) zeigt, daß die Patienten - wie in den professionell angeleiteten Therapiegesprächen - auch in ihren Alltagsinteraktionen eine zunehmend handlungsorientierte Perspektive entwickeln. Ein interessanter Unterschied zu den Therapeut-Patient-Dialogen zeigt sich in der spezifischen Plazierung handlungsorientierter Impulse und Repliken im interaktiven Geschehen, wie sequenzanalytische Auswertungen der Interaktionsprozesse ergeben:

- In Dyaden erfolgreicher Patienten bearbeiten Partner und Klient im partnerschaftlichen Diskurs die Angstproblematik mehr handlungsorientiert und weniger konfrontativ als in nicht erfolgreichen Dyaden. Handlungsorientierte Impulse des Partners werden vom Klienten aufgegriffen.
- In nicht erfolgreichen Therapien ist demgegenüber eine konfrontative Polarisierung typisch, in der auf einem generell niedrigeren Niveau an Handlungsorientierung der Klient auf einer lageorientierten und der Partner auf einer handlungsorientierten Perspektive beharrt.

Im Vergleich dazu zeigte sich bei der Analyse der Therapeut-Patient-Interaktion (s.o.), daß Therapeuten ein konfrontatives Insistieren auf einer handlungsorientierten Bearbeitung bei mangelnder Aufnahmebereitschaft des Klienten generell vermeiden. Erfolgreichen Therapeuten ergreifen vielmehr nach neutralen Äußerungen der Klienten systematisch die Gelegenheit, handlungsorientierte Impulse zu setzen bzw. greifen handlungsorientierte Initiativen des Klienten konfirmatorisch auf. Eine solche Strategie, nämlich *handlungsorientierte Initiativen* des Klienten oder vom Klienten *selbstinitiierte, handlungsorientierte Fokuswechsel* konfirmatorisch aufzugreifen, nutzen Partner sowohl erfolgreicher als auch wenig erfolgreicher Dyaden nicht systematisch. Psychoedukative Ansätze zur Einbeziehung von Angehörigen in den Therapieprozeß (vgl. Mathews, Gelder und Johnston, 1988), sollten diesbezüglich sensibilisieren und ggfs. Veränderungen anregen.

Ausblick

Die referierten Befunde verweisen auf die Bedeutung volitionaler Aspekte für das Verständnis von Angststörungen und deren psychotherapeutischer Bewältigung. Die Überwindung lageorientierter Denkroutinen des Patienten und der Aufbau von Handlungsorientierung sind als wichtige Prozeßziele verhaltenstherapeutischer Angstbehandlung zu berücksichtigen. Zur Interpretation der Befunde sei bemerkt, daß den im Rahmen der Bochumer Angststudie behandelnden Therapeuten und Supervisoren das volitionale Konzept der Handlungs- versus Lageorientierung weitgehend unbekannt gewesen sein dürfte. Die mittlerweile gewonnenen Befunde legen nahe, bei der Planung und Reflexion des therapeutischen Prozesses die Handlungsorientierung des Patienten explizit zu berücksichtigen und Therapeuten und Supervisoren für diesbezügliche Steuerungsprozesse zu sensibilisieren.

Literatur

Ach, N. (1910) Über den Willensakt und das Temperament. Leipzig: Quelle und Meyer

Atkinson, J.W., Birch, D. (1970) The dynamics of action. New York: Wiley

Bandura, A. (1986) Social foundations of thought and action. New Jersey: Prentice-Hall

Bandura, A. (1991) Self-efficacy conception of anxiety. In: Schwarzer, R., Wicklund, R.A. (Eds.) Anxiety and self-focussed attention. London: Harwood

Brunstein, J. (1989) Hilflosigkeit, Depression und Handlungskontrolle. Göttingen: Hogrefe

Clark, D.M. (1986) A cognitive approach to panic. Behav. Res. Ther. 24: 461-470

Fahrenberg, J., Hampel, R., Selg, H. (1984) Das Freiburger Persönlichkeitsinventar, FPI. Revidierte Fassung FPI-R und teilweise geänderte Fassung FPI-A1, Handanweisung. Göttingen: Hogrefe

Grawe, K., Donati, R., Bernauer, F. (1994) Psychotherapie im Wandel. Von der Konfession zur Profession. Göttingen: Hogrefe

Hartung, J. (1990) Psychotherapie phobischer Störungen. Zur Handlungs- und Lageorientierung im Therapieprozeß. Wiesbaden: Deutscher Universitäts-Verlag

Hartung, J. (1993) Handlungsorientierung im Alltag phobischer Patienten. Interaktionsanalysen von Paargesprächen. Vortrag auf dem 11. Symposium für klinisch-psychologische Forschung der Deutschen Gesellschaft für Psychologie vom 20.-22.5.93 in Rostock/Prerow

Hartung, J., Schulte, D. (1991) Anregung eines handlungsorientierten Kontrollmodus im Therapieprozeß. In Schulte, D. (Hrsg.) Therapeutische Entscheidungen. Göttingen: Hogrefe

Hartung, J., Schulte, D. (1994) Action and state orientation during therapy of phobic disorders. In: Kuhl, J., Beckmann, J. (Eds.) Volition and personality. Action versus state orientation. Seattle: Hogrefe und Huber

Hartung, J., Schulte, D., Wilke, F. (1993) Action control in therapy of anxiety disorders. What makes exposure treatment so effective? Paper presented at the 24th Annual Meeting of the Society for Psychotherapy Research, 22-26 June 1993 in Pittsburgh

Hautzinger, M. (1994) Action control in the context of psychopathological disorders. In: Kuhl, J., Beckmann, J. (Eds.) Volition and personality. Action versus state orientation. Seattle: Hogrefe und Huber

Heckhausen, H. (1987) Perspektiven einer Psychologie des Wollens. In Heckhausen, H., Gollwitzer, P.M., Weinert, F.E. (Hrsg.) Jenseits des Rubikon: Der Wille in den Humanwissenschaften. Berlin: Springer

Heckhausen, H., Gollwitzer, P.M. (1987) Thought contents and cognitive functioning in motivational and volitional states of mind. Motivation Emotion 11: 101-120

Heckhausen, H., Kuhl, J. (1985) From wishes to action: The dead ends and short cuts on the long way to action. In: Frese, M., Sabini, J. (Eds.) Goal directed behavior. The concept of action in psychology. Hillsdale: Erlbaum

Hobrücker, B., Kühl, R. (1991) Entscheidungsverhalten und Aufgabenorientierung bei jugendpsychiatrischen Patienten. Zur diagnostischen Relevanz eines Fragebogens zur Handlungskontrolle. Z. Kinder Jugendpsychiat. 19: 151-157

Iacobucci, D., Wasserman, S. (1988) A general framework for the statistical analysis of sequential dyadic interaction data. Psychol. Bull. 103: 379-390

Kammer, D. (1994) On depression and state orientation: a few empirical and theoretical remarks. In: Kuhl, J., Beckmann, J. (Eds.) Volition and personality. Action versus state orientation. Seattle: Hogrefe und Huber

Kammer, D., Behrmann, A., Siemer, J., Feld, T.R. (1988) Leistungsbezogene Denkverläufe depressiver vs. nicht depressiver Patienten bei Mißerfolg. In Kammer, D., Hautzinger, M. (Hrsg.) Kognitive Depressionsforschung. Bern: Huber

Kanfer, F.H. (1987) Selbstregulation und Verhalten. In: Heckhausen, H., Gollwitzer, P.M., Weinert, F.E. (Hrsg.) Jenseits des Rubikon: Der Wille in den Humanwissenschaften. Berlin: Springer

Kanfer, F.H., Hagerman, S. (1987) A model of self-regulation. In: Halisch, F., Kuhl, J. (Eds.) Motivation, intention, and volition. Berlin: Springer

Kast, A. (1980) Entwicklung und empirische Überprüfung eines Angstreaktionsfragebogens. Bochum. Unveröffentlichte Diplomarbeit

Kazen-Saad, M., Kuhl, J. (1991) Motivationale und volitionale Aspekte der Depression: Die Rolle der Lageorientierung. In: Straub, R., Hole, G., Hautzinger, M. (Hrsg.) Denken, Fühlen, Wollen und Handeln bei depressiven Menschen. Bern: Lang

Keller, F., Straub, R., Wolfersdorf, M. (1994) State orientation and depression: A multilevel approach. In: Kuhl, J., Beckmann, J. (Eds.) Volition and personality. Action versus state orientation. Seattle: Hogrefe und Huber

Kiresuk, T.J., Sherman, R.E. (1968) Goal attainment scaling: A general method for evaluating comprehensive community mental health programs. Comm. Ment. Health J. 4: 443-453

Kuhl, J. (1983) Motivation, Konflikt und Handlungskontrolle. Berlin: Springer

Kuhl, J. (1985) Volitional mediators of cognitive-behavioral consistency: Self-regulatory processes and action versus state orientation. In: Kuhl, J., Beckmann, J. (Eds.) Action control: From cognition to behavior. Berlin: Springer

Kuhl, J. (1987) Action control: The maintenance of motivational states. In: Halisch, F., Kuhl, J. (Eds.) Motivation, intention, and volition. New York: Springer

Kuhl, J. (1992) A theory of self-regulation: action versus state orientation, self-discrimination, and some applications. Appl. Psychol. 41: 97-129

Kuhl, J. (1994) A theory of action and state orientation. In: Kuhl, J., Beckmann, J. (Eds.) Volition and personality. Action versus state orientation. Seattle: Hogrefe und Huber

Kuhl, J. (1994b) Action versus state orientation: Psychometric properties of the Action Control Scale (ACS-90). In: Kuhl, J., Beckmann, J. (Eds.) Volition and personality. Action versus state orientation. Seattle: Hogrefe und Huber

Kuhl, J. (im Druck) Wille und Freiheitserleben: Formen der Selbststeuerung. In: Kuhl, J., Heckhausen, H. (Hrsg.) Motivation, Volition und Handlung (Enzyklopädie der Psychologie, Bd. 4) Göttingen: Hogrefe

Kuhl, J., Beckmann, J. (Eds.) (1994) Volition and personality. Action versus state orientation. Seattle: Hogrefe und Huber

Kuhl, J., Helle, P. (1986) Motivational and volitional determinants of depression: The degenerated-intention hypothesis. J. Abnorm. Psychol. 95: 274-251

Kuhl, J., Helle, P. (1994) Motivational and volitional determinants of depression: the degenerated-intention hypothesis. In: Kuhl, J., Beckmann, J. (Eds.) Volition and personality. Action versus state orientation. Seattle: Hogrefe und Huber

Kuhl, J., Kazen-Saad, M. (1988) A motivational approach to volition: Activation and de-activation of memory representations related to uncompleted intentions. In: Hamilton, V., Bower, G.H., Frijda, N.H. (Eds.) Cognitive perspectives on emotion and motivation. Dordrecht: Kluwer

Kuhl, J., Kazen-Saad, M. (1994) Volitional aspects of depression: state orientation and self-discrimination. In: Kuhl, J., Beckmann, J. (Eds.) Volition and personality. Action versus state orientation. Seattle: Hogrefe und Huber

Laux, L., Glanzmann, P., Schaffner, P., Spielberger, C.D. (1981) Das State-Trait Angstinventar. Weinheim: Beltz

Lewin, K. (1926) Vorsatz, Wille und Bedürfnis. Psychol. Forsch. 7: 330-385

Luka-Krausgrill-, U., Wurmthaler, C., Wiesheu, M., Becker, T. (1992) Depression und chronische Schmerzen: Zur Bedeutung alltäglicher Belastungen und Handlungskontrolle. Verhaltenstherapie 2: 314-320

Margraf, J., Schneider, S. (1990) Panik, Angstanfälle und ihre Behandlung. Berlin: Springer

Mathews, A., Gelder, D., Johnston, D. (1988) Platzangst. Ein Übungsprogramm für Betroffene und Angehörige. Deutsche Bearbeitung von Iver Hand und Cornelia Wile. Berlin: Springer

Mokros, H.B. (1985) Patterns of persistence and change in action sequences. In: Duncan, S., Fiske, D.W. (Eds.) Interaction structure and strategy. Cambridge: University Press

Munz, D., Winkow, E., Kessler, M., Traue, H.C. (1989) Attribution von Erfolg und Mißerfolg neurotisch Depressiver, lageorientierte und handlungsorientierter Gesunder. In: Straub, R., Hole, G., Hautzinger, M. (Hrsg.) Deneken, Fühlen, Wollen und Handeln bei depressiven Menschen. Bern: Lang

Russell, R.L., Stiles, W.B. (1979) Categories for classification in psychotherapy. Psychol. Bull. 86: 404-419

Russell, R.L. (1988) A new classification scheme for studies of verbal behavior in psychotherapy. Psychotherapy 25: 51-58

Sachse, R. (1993) Centrality and flexibility of information processing by therapists in the therapy process. Paper presented at the 24th Annual International Meeting of the Society for Psychotherapy Research, 22-26 June 1993 in Pittsburgh

Salkovskis, P.M., Clark, D.M. (1986) Cognitive and physiological processes in the maintainance and treatment of panic attacks. In: Hand, I., Wittchen, H.U. (Eds.) Panic and phobias. Empirical evidence of theoretical models and longterm effects of behavioral treatments. Berlin: Springer

Schindler, L., Müller, U., Sieber, E., Hahlweg, K. (1986) Codierungssystem zur Interaktion in der Psychotherapie (CIP). Manual für Beobachter. München: Max-Planck-Institut für Psychiatrie

Schulte, D. (1991) Prädiktoren des Therapieerfolges bei Angststörungen. Vortrag auf dem 3. Kongreß der Deutschen Gesellschaft für Verhaltensmedizin und Verhaltensmodifikation, 21.-23.3. 1991 in Trier

Schulte, D., Elke, G., Hartung, J., Künzel, R. (1994) Systematische Beobachtung. In: Rosenstiel v., L., Hockel, C.M., Molt, W. (Hrsg.) Handbuch der Angewandten Psychologie. Landsberg: ecomed

Schulte, D., Künzel, R., Pepping, G., Schulte-Bahrenberg, T. (1991) Maßgeschneiderte Psychotherapie versus Standardtherapie bei der Behandlung von Phobikern. In: Schulte, D. (Hrsg.) Therapeutische Entscheidungen. Göttingen: Hogrefe

Schulte, D., Hartung, J., Wilke, F. (1993) Konfrontationsverfahren in der Angstbehandlung. Welche therapeutischen Mikrostrategien können das Verfahren optimieren? Vortrag auf dem 4. Kongreß der Deutschen Gesellschaft für Verhaltensmedizin und Verhaltensmodifikation vom 25.-27.3. 1993 in Bonn

Stiensmeier-Pelster, J., Meyza, P., Lenzen, H.G. (1989) Alkoholismus und Handlungskontrolle: Der Einfluß eines Lauftrainings auf den Therapieverlauf bei handlungs- und lageorientierten Alkoholabhängigen. Suchtgefahren 35: 356-367

Straub, R., Mayer, C., Fröscher, W. (1989) Motivational and volitional characteristics of patients with a prolapsed intervertebral disk and of depressed patients. In: Bischoff, H.C., Traue, H., Zenz, H. (Eds.) Clinical perspectives on headache and low back pain. Göttingen: Hogrefe

Ullrich, R., Ullrich de Muynck, R. (1976) Das Situationsbewertungssystem SB EMI-S. Anleitung für den Therapeuten, Teil III. München: Pfeiffer

Walk, R.D. (1956) Self rating of fear in fear evocing situations. J. Abnorm. Psychol. 52: 171-178

Walschburger, P. (1994) Action control and excessive demand Effects of situational and personality factors on psychological functions during stressful transactions. In: Kuhl, J., Beckmann, J. (Eds.) Volition and personality. Action versus state orientation. Seattle: Hogrefe und Huber

Wiedemann, A., Busjahn, A., Heinrich, B., Listing, J., Mueller, W., Richter-Heinrich, E. (1994) State versus action orientation after failure: Prevalence of coping strategies and related factors in two groups of hypertensives (with and without antihypertensive medication). In: Kuhl, J., Beckmann, J. (Eds.) Volition and personality. Action versus state orientation. Seattle: Hogrefe und Huber

Wieseman, H., Rice, L.N. (1989) Sequential analyses of therapist-client interaction during chance events: a task focussed approach. J. Consult. Clin. Psychol. 57: 281-286

Zeigarnik, B. (1927) Das Behalten von erledigten und unerledigten Handlungen. Psychol. Forschung 9: 1-85

Znoj, H., Grawe, K., Jeger, P. (1993) Action versus state orientation: A new variable for psychotherapy process research applied to four different treatment modalities. Paper presented at the 24th Annual International Meeting of the Society for Psychotherapy Research, 22-26 June 1993 in Pittsburgh

Zum Problem eines psychiatrischen Willensbegriffs mit Bezug auf die chronische Schizophrenie

Michael Lasar

Der vorliegende Beitrag kann keine rasche Reanimation oder Neudefinition des im psychiatrischen Alltag verlorengegangenen Willensbegriffs sein. Festzustellen ist einleitend zunächst lediglich, daß die wissenschaftliche Beschäftigung innerhalb der Psychiatrie mit dem Thema des menschlichen Willens als psychologisch und psychopathologisch relevantes Merkmal seit etwa der Mitte des 20. Jahrhunderts aufgegeben wurde. Es ist nicht anzunehmen, daß der Mensch als Individuum oder die menschliche Gattung in ihrer Evolution plötzlich in der Mitte des 20. Jahrhunderts ihren Willen verloren haben. Zu vermuten ist eher, daß es Gründe geben muß, die innerhalb der Psychiatrie eine Zeit lang dazu führten, auf die Fähigkeit zu Wollen gesunder und psychisch kranker Menschen konzeptionslos zu reagieren.

Diesem Phänomen soll im folgenden nachgegangen werden. Wahrscheinlich bewährt es sich an dieser Stelle, wie in anderen Fällen auch, zum besseren Verständnis der Gegenwart die Geschichte zu sichten. Hiervon ausgehend erhält der Text einen Aufbau in drei Schritten: Zuerst findet sich eine Darstellung des psychiatrischen Willensbegriffs einiger ausgewählter Autoren, die durch ihre grundsätzlichen theoretischen Entwürfe im ausgehenden 19. und zu Beginn des 20. Jahrhunderts bis heute nachwirken. Danach wird der psychiatrische Willensbegriff unter medizinhistorischen Gesichtspunkten eingeordnet, um ein mögliches Gespür für stattgefundene Entwicklungen zu erhalten. Abschließend erfolgt die Formulierung spezifischer Problembereiche, denen sich ein psychiatrischer Willensbegriff bei chronischer Schizophrenie aus heutiger Sicht stellen sollte.

Die Beschäftigung mit dem Willensthema löst bisweilen Verwunderungen, affektive Reaktionen oder Ablehnungen hervor, wodurch die weitere Auseinandersetzung mit dem Willensbegriff noch interessanter wird. So teilt Kornadt (1986) anekdotisch mit, was er im Zusammenhang mit seiner Annäherung an willenspsychologische Fragen erlebte. Der von ihm in einem wissenschaftlichen Diskurs erwähnte Begriff 'Entschluß' wurde folgendermaßen kommentiert:

"Entschluß, sagte sie, das klinge so nach der altmodischen Willenspsychologie, und so etwas dürfe man heute nicht mehr sagen.

Ich habe dann zuerst zaghaft an diese Stelle den Ausdruck "Quasi-Entschluß" gesetzt." (a.a.O., S. 5).

Atmosphärisches der Diskussion um den Willensbegriff wird ebenso in den einleitenden Formulierungen Steppis (1991) zur Auseinandersetzung mit modernen willenspsychologischen Theorien (Heckhausen, Gollwitzer, Weinert (Hrsg.), 1987) deutlich:

"Jüngst - 1987 - ging ein Raunen durch die Fachwelt der Handlungstheoretiker und Motivationsforscher, als drei Vertreter ein grundlegend neues Konzept menschlichen Handelns vorstellten, indem sie meinten: 'Jenseits des Rubikon' liege der Stein der Weisen für die Motivationsforschung." (a.a.O., S. 22).

Die von Steppi damals angenommene Entwicklung, daß "dieser Ansatz die wissenschaftlichen Arbeiten auf dem Gebiet bis zum Ende dieses Jahrhunderts bestimmen" wird (a.a.O., S. 23), ist nicht eingetreten.

Wir sind also in der Lage, in Ruhe zunächst den Weg des psychiatrischen Willensbegriffs zurückzuverfolgen, ohne uns eiligen Tagesgeschäften widmen zu müssen. Innerhalb der psychiatrischen Wissenschaft erfolgt die Reflexion des Willensbegriffs in einem Paradigma, wie es exemplarisch von Saß (1990) vertreten wird. Er konstatierte eine zunehmende "Vernachlässigung komplexer psychopathologischer und interaktioneller Phänomene, die einen höheren Grad von Theorie und subjektiver Interpretation erfordern" (a.a.O., S. 255).

Der psychiatrische Willensbegriff seit dem 19. Jahrhundert
In der deutschsprachigen psychiatrischen Literatur nahmen Darstellungen über die Psychologie und Psychopathologie der menschlichen Willenstätigkeit von je her einen festen Platz ein (Lasar, 1992). Psychopathologisch faßbare Änderungen der Willenstätigkeit wurden von den meisten Autoren für unterschiedliche psychische Erkrankungen beschrieben.
Außerhalb der psychiatrischen Wissenschaft wurden bekanntlich unter experimentellen und psychologischen Gesichtspunkten seit dem Ende des 19. Jahrhunderts große willenspsychologischen Theorien durch Wundt (1896) oder Ach (1905; 1910) entwickelt und vorgestellt.

Die Annäherung an traditionelle psychiatrische Willenstheorien soll im vorliegenden Text mit ***Wilhelm Griesinger*** ((1867) reprint, 1964) beginnen. Für ihn ist psychische Krankheit (Irresein) "ein anomales Verhalten des Vorstellens und Wollens" (a.a.O., S. 1). Als den "Sitz normaler und krankhafter geistiger Thätigkeiten" faßt Griesinger das Gehirn auf (a.a.O., S. 2). Demzufolge sind Änderungen des Vorstellens und Wollens Symptome für pathologische Veränderungen des Gehirns.

Der Begriff 'Vorstellung' ist innerhalb Griesingers Theorie ein umfassender; bei einem erwachsenen Menschen bildet das Vorstellen "die eigentliche Energie des Seelenorgans" (a.a.O., S. 25). Das Vorstellen betrifft "das ganze g e i s t i g e Leben des Menschen" (ebd.). Unter diesen Oberbegriff 'Vorstellung' werden andere psychische Aspekte ("geistige Thatsachen") des Menschen subsumiert: Das Phantasieren, das Wollen, die Gemütsbewegungen u.a. (ebd.).

Nach Griesinger nimmt der Mensch, auch das Tier, durch Sinnesorgane Eindrücke auf. Diese Eindrücke, Empfindungen, werden letztlich durch die Motorik, die "Bewegungsorgane wieder nach aussen" geleitet (ebd.). In dieses zunächst einfache Schema der Umwandlung von Sinneseindrücken in motorische Aktionen sind bei einem Erwachsenen die Vorstellungen (sein geistiges Leben) eingebettet:

"Es bildet sich gleichsam ein Seitengebiet, das zwischen Empfinden und motorischem Impuls in die Mitte tritt, und indem es wächst, an Reichthum und Ausdehnung zunimmt, wird es allmählig zu einem starken, in sich selbst vielfach gegliederten Centrum, welches das Empfinden und Bewegen in vielen Beziehungen beherrscht ..." (a.a.O., S. 25).

Trotz der herausragenden Bedeutung des Begriffs 'Vorstellung' und seiner deskriptiven Abgrenzung betont Griesinger, wie schon zuvor im Text (a.a.O., S. 2), daß er über inhaltliche Prozesse, über die inhaltliche Struktur der Vorstellung und des Wollens nichts aussagen könne (a.a.O., S. 25).

Vorstellungen können nach Griesinger behalten und reproduziert werden:

"Insoferne durch die sogenannte Ideenassociation nicht neue Vorstellungen entstehen, sondern nur aus dem Schatze früher dagewesenen Vorstellens einzelnes geweckt und reproduciert wird, nennt man diesen Process das G e d ä c h t n i s." (a.a.O., S. 31).

Den Vorstellungen vergleichbar, "lassen auch die motorischen Impulse in die Muskelthätigkeit abgeblasste Schemata zurück, welche als B e w e g u n g s a n s c h a u u n g e n sich mit unserem Vorstellen mischen." (a.a.O., S. 37).
Derartige Bewegungsanschauungen bilden für Griesinger ein 'mittleres Gebiet', "für das es kein gehörig bezeichnendes Wort gibt" (ebd.). Dieser Bereich ist zwischen den reinen motorischen Reflexaktionen und dem reinen geistigen 'sich vorstellen' anzunehmen. Als Wort für diesen Aspekt, daß "das Vorstellen selbst eine motorische, auf die Muskelbewegung tendirende Richtung" annehmen kann, schlägt Griesinger den Begriff der 'Strebung' vor (a.a.O., S. 38).

In diese Konzeption, die Griesinger selbst als 'complizirteren Mechanismus' einschätzt, ist das menschliche Wollen einzubetten. Angelehnt an die Philosophie Schopenhauers stellt der Wille für Griesinger eine besondere psychische Erscheinung dar (a.a.O., S. 41). Im Gegensatz zur obigen Definition des Begriffs 'Strebung' wird das 'Wollen' als der **Vorgang** bezeichnet, bei dem "die bewussten deutlichen Vorstellungen selbst durch eine Einmischung von Bewegungsanschauungen eine Beziehung auf die Muskelbewegung erhalten" (ebd.). Streben ist offenbar der Vorgang, bei dem Schemata von Muskelbewegungen überhaupt in Vorstellungen gelangen und über sie letztlich wieder außenorientiert werden können; Wollen umschreibt mit diesem Verständnis die Dynamik dieses stattfinden Prozesses. Eine Unterscheidung zur Strebung ergibt sich beim Wollen auch dadurch, daß die letztlich resultierenden Bewegungsimpulse beim Wollen " aus M o t i v e n, d. h. aus complexen, dem Bewusstsein gegenwärtigen Vorstellungen" resultieren (ebd.). Die bisherigen Beschreibungen beziehen sich hiernach auf das konkrete, das erfahrbare Wollen, da die oben genannten Bewegungsimpulse letztlich wieder in äußerlich erfahrbaren motorischen Aktionen enden.

Griesinger benennt weiterhin das abstrakte Wollen, ein Wollen, das sich lediglich in begrifflichen Vorstellungen formuliert: "tugendhaft sein - w o l l e n, sein Examen machen - w o l l e n etc." (a.a.O., S. 42). Im Gegensatz zu konkreten Bewegungsanschauungen bei Vorgängen des konkreten Wollens, fließen bei abstrakten Willensvorstellungen Bewegungsbilder ein, die als "dann aber gleichfalls nur dunkle Gesamteindrücke aus grossen Summen von Bewegungsanschauungen, die einzeln noch durchaus nicht geschieden, sondern wie zusammengewickelt darin enthalten sind" beschrieben werden. Diese Unterscheidung ist konzeptionell notwendig, da Griesinger weiß, daß das willentlich formulierte Ziel 'Ich will Examen machen' komplex ist. Aus diesem Grunde zerfällt gleichsam das zunächst abstrakt willentlich formulierte Ziel (mit dem abstrakten Wissen um hierzu auch notwendige Bewegungsabläufe) in einzelne Willensschritte mit einzelnen konkreten Bewegungsfolgen. Noch einmal vom Beispiel des Examen-machen-Wollens ausgehend, beschreibt Griesinger diesen Zusammenhang folgendermaßen:

"... wo immer dies ein wirkliches Wollen und kein blosses Drandenken ist, da ist mit dem Begriff eine dunkle Masse noch verschmolzener Bewegungsanschauungen gemischt, die dann bei der Ausführung in ein sehr mannigfaltiges, einzelnes Wollen sich auflösen muß. Das Wollen des Zwecks breitet sich aus einander in das Wollen einzelner Mittel und dieses endlich löst sich in zahllose einzelne Bewegungen auf." (a.a.O., S. 42).

Willentliches steht für Griesinger mit diesem Verständnis an der Spitze der "motorischen Seite des Seelenlebens", das von den "einfachsten Reflexactionen an" seinen Ausgangspunkt nimmt. Nach Griesingers Selbsteinschätzung habe er mit dieser Theorie "zuerst die Grundthatsache des ganzen psychischen Lebens aufgezeigt" (ebd.).

Der Übergang von geistigen Vorstellungen in Strebungen und Wollen vollzieht sich mit Griesinger nach einem inneren Zwang. "Wir m ü s s e n wollen." (ebd.).

"Den Geistesgesunden drängt und treibt es, seine Vorstellungen zu äussern, sie in Handlungen zu realisiren und damit sich ihrer zu entäussern. Ist dies geschehen, so fühlt sich die Seele erleichtert, befreit; sie hat sich durch die That ihrer Vorstellungen entledigt und ihr Gleichgewicht ist nun wieder hergestellt." (a.a.O., S. 42).

Zur Pathologie des Willens zählt Griesinger die Willenlosigkeit und das gesteigerte Wollen (a.a.O., S. 75 ff). Entschlußunfähigkeit oder ein Vorstellungsmangel sowie ein 'nicht kräftiges Ich' führen zur Willensschwäche. Die Willenssteigerung ist bei Griesinger eine (quantitativ) stärkere Ausprägung der Willensrichtungen der Leidenschaft. Mit diesem grundsätzlichen Verständnis führt Griesinger Willensänderungen bei verschiedenen Krankheitssymptomen an (z.B. Stupor, Melancholie).

Als nächsten Autor des vergangenen Jahrhunderts, der außerhalb der Neurologie auch psychiatrische Theorien entwickelt hat, soll im folgenden auf ***Carl Wernicke*** (1906) eingegangen werden. Zwar wurde das erwähnte Werk (Wernicke, 1906) erst nach seinem Tod publiziert; die gedanklichen Vorläufer hierzu finden sich jedoch schon in Arbeiten aus dem letzten Drittel des 19. Jahrhunderts wieder (Wernicke, 1879).

Die Untersuchung höherer psychischer Funktionen am Beispiel der Willenshandlungen ergibt für Pauleikhoff (1987, S. 279 ff) die Feststellung eines Willensverständnisses in assoziationsmorphologischen und reflexorientierten Begriffen bei Wernicke. Diese Begrifflichkeit steht den Theorien Griesingers nahe, worauf Wernicke selbst hinweist. Zu bemerken ist, daß der biologisch-morphologische Willensbegriff Wernickes in einem größeren Kontext zu sehen ist, der Wernickes psychiatrischem Hauptwerk (1906, S. 330 ff) entnommen werden kann. Hier geht der Darstellung des eigentlich Willentlichen, das schließlich zur Handlung führt, eine Diskussion des Entschlusses voraus, der "bekanntlich" zuvor liege. Der Entschluß, als rein gedanklicher Vorgang bezeichnet, hat nach Abwägung die Auswahl aus Möglichkeiten zum Gegenstand. Der rein gedankliche Entschluß wählt letztlich aus Vorstellungen (von Möglichkeiten) aus, die ursprünglich in einem Wettbewerb untereinander standen. Eine der Vorstellungen, die in die Entschlußbildung einfließen, muß eine Bewegungsvorstellung beinhalten. Die Auswahl aus Möglichkeiten hängt noch von weiteren Bedingungen ab: So fließen in die entschlußbildende Auswahl Gewohnheit und Übung ein, was für Wernicke "natürlich" ist. Unterstützt wird die auf Gewohntem aufbauende Entschlußbildung außerdem durch bestimmte Zeitfunktionen (z.b. Pünktlichkeit), die erst durch subjektive Faktoren, wie z.B. die Geisteskrankheit, verändert werden: So steht der hypochondrisch Geisteskranke morgens nicht auf, weil er seinen Körper für schwach hält, so daß er am Aufstehen gehindert wird. Bei Gesunden ist deshalb eine subjektive Wertigkeit dieser gewohnheitsmäßigen Vorstellungen, die auf den Entschluß einwirken, wichtig. Diese Wertigkeit (als subjektive Bedeutung, Wichtigkeit zu verstehen) selbst ergibt sich durch "Übung, Erziehung und Gewohnheit" (a.a.O., S. 331), die sich aus "alt erworbenem Besitz" (ebd.) (im Sinne einer individuellen Biographie) wiederum ableiten lassen. Die größte Willensanstrengung ist für Wernicke das Unterlassen, das Nichttun (offensichtlich als die Aufgabe der gewohnten Pflicht zu verstehen): Die kranke Mutter, die zur gewohnten Zeit ihr Kind versorgen will, muß, weil es der Arzt gesagt hat, dennoch sich selbst beherrschend liegen bleiben.

Der eigentliche Wille stellt sich für Wernicke am Ende als eine "mehr oder weniger komplizierte Vorstellung" dar (a.a.O., S. 332). Zeitlich folgt er dem Entschluß, der wiederum als Teil des Willens aufgefaßt wird und bildet, da in die Entschlußphase mindestens eine Vorstellung mit Bewegungsinhalten eingeflossen ist (s.o.), morphologisch "gewissermaßen einen Index der an die Bahn A Z unseres Schemas gebundenen intrapsychischen Funktion" (ebd.). Hier liegt offenbar eine Weiterentwicklung vor, da Wernicke zuvor (1879) noch angab, daß der Wille, neben der Intelligenz und dem Gemüt, eine komplizierte Assoziationsleistung darstellt, und sie "daher als Allgemeinleistungen des ganzen Bewusstseinsorganes unmöglich localisiert sein können." (a.a.O., S. 431).

Zur Willensfreiheit meint Wernicke:

"Die Freiheit des Willens setzt die Freiheit der Entschließung, d.h. die Normalwertigkeit aller Vorstellungen, die bei dem Entschluß mitgewirkt hatten, voraus." (a.a.O., S. 332).

Von diesem Grundverständnis ausgehend, beschreibt Wernicke verschiedene pathologische Willensänderungen.

Emil Kraepelin hatte in den 80er Jahren des 19. Jahrhunderts unter Wilhelm Wundt, gleichzeitig als Arzt in Leipzig arbeitend, psychologische Versuche in dessen Abteilung durchgeführt. Seine Krankheitsklassifikationen und letztlich die Entwicklung des Begriffs "Dementia praecox" wurden durch die Krankheitslehren Kahlbaums mit beeinflußt (Pauleikhoff, 1983). Von den sehr zahlreichen Auflagen des Kraepelinschen Lehrbuches (9. Auflage 1927) wird die (zweibändige) Ausgabe von 1903 als Grundlage der Analyse der willenspsychologischen Aussagen Kraepelins herangezogen, da sie kurz nach der ersten umfassenderen Formulierung des Dementia praecox Begriffes (etwa 1899) und etwa 20 Jahre nach der Arbeit bei Wilhelm Wundt vorgelegt wurde.

Kraepelin (1903) hat in dem genannten Werk den menschlichen Willen mit normalen Funktionen wie auch krankheitsbedingten Veränderungen dargestellt. Seine Beschreibungen der normalpsychologischen Willensfunktion (a.a.O., S. 264 f) weisen auf die begriffliche Unterscheidung des Autors in 'Wille und Handlung' hin. Vor einer von Kraepelin im Praxisbezug so bezeichneten Willenshandlung nimmt er die individuelle Vorstellung eines Zweckes an. In diese Vorstellung wirken spezifische Gefühle des Individuums mit ein. Zweckvorstellungen können sich hierbei sowohl auf das Individuum selbst, als auch auf seine Umgebung beziehen. Die auf die Zweckvorstellung einwirkenden Gefühle bewirken die Entstehung von Antrieben, durch die der vorgestellte Zweck - letztlich handelnd - angestrebt wird.
Nicht jeder vorgestellte Zweck des Individuums kann gleich bedeutsam sein. Aus diesem Grunde fordert Kraepelin bezogen auf den Zweck, neben seiner inhaltlichen Bestimmung und der ihn begleitenden, sich im Antrieb darstellenden Gefühlsstärke, "die Kraft und Nachhaltigkeit desselben" ein (a.a.O., S. 265).

Zum Problem der Willensfreiheit nimmt Kraepelin in folgender Weise Stellung: Für ihn entspringt bei einem gesunden erwachsenen Menschen das Handeln a) aus äußeren Anstößen und b) aus feststehenden allgemeinen Willensrichtungen. Letztere sind am ehesten als von Außen in die individuelle Lebensgeschichte vermittelt aufzufassen. Die eigentliche individuelle Handlung erfolgt jedoch nur, wenn keine "der eigenen Persönlichkeit angehörenden Gegenströmungen im Wege stehen" (a.a.O., S. 274). Hierunter ist offenbar die Möglichkeit einer situativen Handlungsbeschränkung zu verstehen.

Im Rahmen des Kapitels "Erscheinungen des Irreseins" (a.a.O., S.. 127 ff) werden krankheitsbedingte Willensänderungen als "Störungen des Wollens und Handelns" von Kraepelin beschrieben (a.a.O., S. 264 ff). Für ihn ergeben sich Willensantriebsstörungen im Sinne einer Herabsetzung und Steigerung, sowie einer erschwerten und erleichterten Auslösung. Weiterhin begründen sich Willensstörungen in einer erhöhten und verminderten Beeinflußbarkeit des Willens und andere willensbezogene psychopathologische Auffälligkeiten bei entsprechenden psychiatrischen Krankheiten. Als Beispiel in seinen Darstellungen finden sich immer wieder Hinweise auf die Dementia praecox.

In Bezug auf den herabgesetzten Willensantrieb sieht Kraepelin exemplarisch bei der Dementia praecox und hier gerade bei ihren "Endzuständen" eine allgemeine Gefühlsabstumpfung vorliegen. Als Konsequenz der hier fehlenden Antriebe zeigt sich für Kraepelin eine "Vernichtung von Willensregungen" (a.a.O., S. 266). Lediglich durch "geduldiges Antreiben" von Außen sind gewisse Handlungen Erkrankter, abgesehen von eigenen einfachen Triebbefriedigungen (z.B. essen), zu initiieren (a.a.O., S. 267).

Bei den Steigerungen des Willensantriebes stellt sich die psychopathologische Beschreibung durch Kraepelin anders dar. Bezogen auf die bereits erwähnten normalpsychischen Willensfunktionen führt der Autor hier weitere psychogene Einflüsse auf dieses komplexe Geschehen an. Die sowohl kranke als auch gesunde Menschen betreffenden Leidenschaftsausbrüche bilden für Kraepelin keine direkten Willensstörungen. Für ihn sind sie vielmehr ein Ausdruck verschiedener, dem eigentlichen Willensakt vorausgehender "psychologischer Vorbedingungen" (a.a.O., S. 268). Derartige psychologische Vorraussetzungen können, auch bei den Willensantriebssteigerungen, so "mächtige Beweggründe" darstellen, daß ihnen "mächtige Willensantriebe" folgen müssen (ebd.). Offenbar nehmen die psychologischen Vorbedingungen erst letztlich durch ihre genuine "Intensität" auf die eigentliche Willenshandlung einen Einfluß.
Mit Kraepelin gehen Willensantriebssteigerungen immer auch mit einer motorischen Erregung einher. Bei schizophrenen Patienten zeigen sich diese im Rahmen der "k a t a t o n i s c h e n Erregung" (a.a.O., S. 269). Derartige Patienten lassen für Kraepelin das eigentliche Wollen - die generelle geistig bestimmte Zweckvorstellung - vermissen. Erkennbar sind lediglich (motorische) Handlungen, die keinen bestimmten Zweck mehr verfolgen, sondern nur noch der Abfuhr von Trieben dienen.

Auch bei der erschwerten Auslösung des Willensantriebes benennt Kraepelin vor den eigentlichen psychopathologischen Darstellungen 'psychologische Vorbedingungen'. Durch ihre psychische Wirkung können etwa mehr oder weniger starke Widerstände (z.B. Furcht oder Angst) die Umsetzung des Willensantriebes in Handlungen beeinflussen (a.a.O., S. 270). Diese Aussage gilt nach Kraepelin für alle Menschen.
Besonders im pathologischen Fall ist die eingeschränkte oder fehlende Handlungsfolge durch eine psychomotorische Hemmung erkennbar. Sie zeigt sich nach Kraepelin gerade im " k a t a t o - n i s c h e n Stupor" schizophren Kranker (a.a.O., S. 271). Bei ihnen ist neben der eigentlichen individuellen Antriebsabsicht ein "Gegenantrieb", etwa ein Widerstand, zu beschreiben, dessen Gegengewicht letztlich eine motorische Bewegung (Handlung) verhindert, wodurch eine "Sperrung" eintritt (ebd.).

Im Zusammenhang mit der erleichterten Auslösung von Willensantrieben geht Kraepelin davon aus, daß der Mensch im Umweltbezug dauernd unter eine auf Entladung drängende Willensspannung gesetzt wird. Die Willensanstrengung gesunder Erwachsener zeigt sich hierbei in der Hemmung von Entladungen (a.a.O., S. 272 f). Geleistet wird von Gesunden demnach die motorische Handlungsbeschränkung. Psychopathologisch relevante Beispiele Erkrankter sind für Kraepelin die ungehemmten motorischen Entladungen "bei manischen und katatonischen Kranken, sobald sie ihrer Unruhe freien Lauf lassen können" (a.a.O., S. 273).

Eine erhöhte Willensbeeinflußbarkeit sieht Kraepelin bei der Hypnose gegeben. Hier kann nach seinem Verständnis die eigene individuelle Zwecksetzung aufgehoben werden (a.a.O., S. 275).

Eine besondere "Ausschaltung des Willens" mit fehlender eigener Zwecksetzung, die einhergeht mit einer erhöhten äußeren Beeinflußbarkeit, nimmt Kraepelin bei Dementia praecox Kranken an, die in der Katatonie mit Syndromen wie Flexibilitas cerea, Katalepsie, Echopraxie, Echolalie u.a. imponieren (a.a.O., S. 277).

Als besonderes Beispiel für eine verminderte Beeinflußbarkeit des Willens führt Kraepelin den bei bestimmten Katatonen aufzufindenden "Negativismus" an (a.a.O., S. 284). Hier findet sich eine triebartige "Absperrung gegen äußere Eindrücke" und die mögliche Umkehr in entgegengesetzte Handlungen, wie das Beispiel des Befehlsnegativismus deutlich macht (a.a.O., S. 285).

Da Kraepelin in seinem willenspsychologischen Modell begrifflich zwischen Wollen und Handeln (s.o.) unterscheidet, finden sich neben Beschreibungen von Willensstörungen entsprechende psychopathologische Veränderungen der Handlung erwähnt.
Der durch die Zweckbestimmung definierte normale menschliche Handlungsablauf ist für Kraepelin gewöhnlich "sparsam" in dem Sinne, diesen Zweck "mit dem Mindestaufwand von Kraft, Weg und Zeit zu erreichen" (a.a.O., S. 279).
Kennzeichen einer gestörten, zweckwidrigen Handlung ist deren "Verschrobenheit". Sie ergibt sich aus einer unangemessenen Einstellung der aus dem Willenskonzept her bekannten Antriebe und einem Überwiegen so genannter Nebenantriebe (ebd.). Diese durchkreuzen die ursprüngliche Willensabsicht oder führen zu einer Willensentgleisung. Offensichtlich kann diese Feststellung Kraepelins so aufgefaßt werden, daß ein einmal vorgestellter Zweck zunächst durch die Handlung erreicht werden soll, um mitten im Handlungsprozeß sich zweckentfremdet zu verlieren.
Mit dem erwähnten Oberbegriff Verschrobenheit beschreibt Kraepelin psychopathologische Symptome wie die Stereotypie (z.B. rhythmische Bewegungen) oder Manieren (z.B. Sprechmanieren).

Da in der psychiatrischen Literatur häufig auf die ideengeschichtliche Nähe beider Autoren hingewiesen wird, wird im folgenden die willenspsychologische Theorie des Schweizers ***Eugen***

Bleuler vorgestellt. Die Bedeutung und der Einfluß Bleulers auch auf die deutsche Psychiatrie bedarf an dieser Stelle keiner weiteren Erläuterung. Wie Kraepelin hat sich auch Bleuler intensiv mit psychologischen Fragestellungen beschäftigt und einige Monographien hierzu verfaßt (Pauleikhoff, 1987, S. 206 ff).

Bleuler (1920) kennzeichnet den menschlichen Willen in seinem Werk immer wieder als "zentrifugale Funktion" (a.a.O., S. 37 ff). Hierbei besitzen Wille und Handlung einen ähnlich untrennbaren inneren Zusammenhang wie im Konzept von Kraepelin die Willenshandlung.
Im Rahmen eines generellen Psychismus beschreibt Bleuler zunächst den normalen menschlichen Willensakt. Für ihn entsteht im Sinne eines sehr allgemein aufzufassenden Zweckes in der Interaktion des Einzelmenschen mit seiner Umwelt, die er "benutzen oder abwehren" kann (ebd.), auf der psychischen Ebene "eine Tendenz zu reagieren, eine Strebung" (ebd.). Diese vermittelt sich, subjektiv erfahrbar, in der Affektivität. Durch eine Vielzahl verschiedener Strebungen und äußerer Einflüsse ("erregender Erlebnisse") können bei einem Individuum grundsätzlich "Konflikte und Hemmungen entstehen" (ebd.). So kann es geschehen, daß zwei sich nicht stark unterscheidende Triebe auf Realisierung drängen, wobei jeder einzelne Trieb "an intellektuellem Material das ihm gleichsinnige ... assoziativ herbeizieht" (a.a.O., S. 38). Hierdurch entstehen die von Bleuler so genannten "Funktionskomplexe", aus denen letztendlich durch den individuellen Entschluß, den eigentlichen Willensakt, einer der Funktionskomplexe durch das Individuum ausgewählt wird.

Der durch die Auswahl erfolgte Entschluß bildet jedoch nur die eine Seite des Willens im Bleulerschen Modell. Gleichzeitig werden durch den Entschluß, auf den eine Handlung folgen kann, die "Stärke und Richtung der Antriebe" festgelegt (a.a.O., S. 108). In diesem Zusammenhang wird durch den benutzten Begriff "Richtung" eine Zielorientiertheit oder Zweckhaftigkeit durch Bleuler nahegelegt.

Vermitteln die Begriffe Entschlußbildung, Zweckhaftigkeit oder Zielorientiertheit auch einen Eindruck der potentiellen Aktivität (Reflexivität) des menschlichen Willensaktes, bleibt anzumerken, daß Bleuler explizit den Willen durch affektbedingte Antriebe maßgeblich bestimmt sieht (a.a.O., S. 38 und S. 108).

Zur Frage des freien menschlichen Willens erklärt Bleuler, daß Handlungen

"der belebten Geschöpfe durch die innere Organisation und die darauf einwirkenden äußeren Einflüsse genauso determiniert sind wie irgendein anderes Geschehen" (a.a.O.,S. 38)

Die subjektive Annahme des freien Willens ist jedoch keine "Täuschung", da der Willensakt sich für Bleuler als Entschlußbildung bei widerstrebenden oder angeglichenen Trieben ergibt. Somit kann eine Auswahl an Hand der subjektiven Bedürfnisse erfolgen.

Willensstörungen werden bei Bleuler als "Störungen der zentrifugalen Funktionen" dargestellt (a.a.O., S. 107 ff). Mit den zuvor beschriebenen Aspekten der normalen Willensfunktion ergeben sich bemerkbare Handlungsstörungen einmal aus Denkstörungen im Sinne eines auf ein falsches Ziel hin orientiertes Handeln. Weiterhin existieren für Bleuler inadäquate Handlungen, die durch inadäquate Affekte und den hieraus ableitbaren Antriebsstörungen entstehen. Handlungsstörungen sind beispielsweise als Stereotypien bei kataton Schizophrenen zu beobachten (a.a.O., S. 111). Als andere Form pathologischer Handlungen sind mit Bleuler diejenigen anzusehen, die "sich in abnormer Weise zum Bewußtsein oder zum Willen" stellen (a.a.O., S. 113). Beispiele hierfür sind die Zwangshandlungen oder automatische Handlungen:

"Die Z w a n g s h a n d l u n g e n sind bewußte Handlungen gegen den eigenen Willen auf einen inneren Antrieb hin, dem die Persönlichkeit nicht widerstehen kann" (ebd.).

Durch diesen doppelten Einfluß des Antriebes, einmal auf den entschlußfähigen eigenen Willen und zum anderen gegen ihn, wird die Bedeutung des affektabhängigen Antriebskonzeptes Bleulers bei Willensfunktionen noch einmal exemplarisch deutlich.

Beispiele für weitere konkrete Willensstörungen sind bei Bleuler Situationen, in denen "man keine oder sehr wenig Willensäußerungen sieht" (a.a.O., S. 108). Diese "Willensschwäche" ergibt sich a) durch individuelle Antriebsschwäche, b) aus einer Zielinkonsequenz durch labile Affekte und c) durch eine Entschlußunfähigkeit (ebd.). Motorisch erkennbar ist mit Bleuler die Willensschwäche im Symptom des Stupors, das bei unterschiedlichen psychiatrischen Erkrankungen anzutreffen ist (z.B.Hysterie, Schizophrenie) (a.a.O., S. 109).

Eine krankhaft veränderte Willensstärke im Sinne einer "Hyperfunktion des Willens" stellt sich mit Bleuler besonders bei den Schizophrenen dar, "wenn sie sich, ohne analgetisch zu sein, Zähne ausziehen, ein Auge ausdrücken u. dgl." (a.a.O., S. 108). Die auf allgemein menschlicher Ebene als positiv anzusehende Willensstärke zeigt sich in ihrer Pathologie in diesem Beispiel Bleulers durch die anzutreffende Normabweichung.
Als direkte Störungen des unmittelbaren Willensaktes beschreibt Bleuler eine Erleichterung und Herabsetzung der menschlichen Entschlußfähigkeit. Eine Erleichterung findet sich beispielsweise bei Manikern oder unter Alkoholeinwirkung. Demgegenüber ist die Entschlußfähigkeit, gerade auch durch die Affektivität und konsekutive Antriebsstörungen mit beeinflußt, bei Melancholien herabgesetzt (a.a.O., S. 109). Im Zusammenhang mit Störungen der Entschlußfähigkeit werden von Bleuler auch die "die ganze Psyche" betreffenden psychomotorischen Erregungen und Hemmungen beschrieben (a.a.O., S. 110). Hierbei geht er auch immer wieder auf die von ihm so genannten katatonen Symptome "Manieren" und "Stereotypien" ein.
Vermutlich durch die anzunehmende Antriebssperrung verhindert eine bestehende affektive Ambivalenz jede Entschlußbildung (ebd.).

Zu erwähnen ist, daß Bleuler in seinen Beschreibungen des menschlichen Willens zusätzlich unter

den "Parafunktionen des Willens" den Geschlechtstrieb, den Nahrungstrieb, den Selbsterhaltungstrieb und die Ethik (altruistischer Trieb) anführt (a.a.O., S. 112). Sie machen sich von der äußeren Umgebung unabhängig individuell bemerkbar.
Hiervon unterscheidet Bleuler die so genannten "krankhaften Triebe" wie die Pyromanie oder Kleptomanie, denen in ihrer Pathologie die Zweckhaftigkeit des Willens abgehen (a.a.O., S. 113).

Abschließend werden die willenspsychologischen Ausführungen von ***Karl Kleist*** vorgestellt. Obgleich nach dem ersten Drittel des 20. Jahrhunderts publiziert, knüpft Kleist, wie noch zu zeigen sein wird, an bestimmte psychiatrische Willenskonzepte des endenden 19. Jahrhunderts an und führt sie in Kenntnis des medizinischen Wissens der dazwischenliegenden Jahrzehnte zu einem Höhepunkt. In späterer Zeit finden sich traditionelle willenspsychologische Konzepte ausführlich nur noch bei Leonhard in seinem psychologischen Werk wieder (1961).

Kleist geht in seiner 1934 erschienenen Monographie in dem Kapitel "Psychomotorik und Wille" auf die menschliche Willenstätigkeit ein (Kleist, 1934). Obwohl er sich hier einleitend selbst als einen (somatisch orientierten) Pathologen bezeichnet, weist schon die erwähnte Kapitelüberschrift darauf hin, daß Kleist ein Modell entwickelt, in dem neben der Anatomie (Psychomotorik) die Psychologie des Wollens gleichberechtigt eingehen soll (a.a.O., S. 1146).

Aus der Sicht Kleists (1934) lassen sich zunächst für den Bereich der Psychomotorik eindeutige anatomische Strukturen auffinden. Trotz ihrer organischen Substratgebundenheit ist die Psychomotorik für Kleist subjektiv erfahrbar. Er geht davon aus, daß die "psychomotorischen Vorgänge als Ausflüsse des Ich erlebt werden" (a.a.O., S. 1146). In diesem Sinne lassen sich mit Kleist die Psychomotorik und die Ausdrucksbewegungen vergleichen: Auch bei den Ausdrucksbewegungen sind die ihnen zu Grunde liegenden Gefühle oder Trieb-, Drang-, und Zwangserlebnisse subjektiv erfahrbar (ebd.). Diese Möglichkeit einer subjektiven Erfahrbarkeit wie im Falle der Psychomotorik (aufzufassen als psychomotorische Handlung) ergibt sich für Kleist außerdem bei den "Regungen, Strebungen, Antrieben" und den so bezeichneten "Wollungen" (ebd.).

Hierzu bemerkt er:

"Die alte Willenspsychologie gliederte diese Vorgänge in M o t i v, E n t s c h l u ß und H a n d - l u n g. Diese Folge entspricht einem p s y c h i s c h e n R e f l e x b o g e n, in dem das Motiv die sensorische Anregung des Vorgangs, der Entschluß die innere Umsetzung, die Handlung den motorischen Erfolgsvorgang bilden." (Kleist, 1934, S. 1147).

Von dieser Feststellung ausgehend faßt Kleist hierbei die Motive als "Anreger und Lenker der Willensabläufe" auf, wobei aus unterschiedlichen Motiven eine Auswahl getroffen wird und sich hierdurch eine "Bildung möglicher Ziele" ergibt (ebd.). Die Motivation bezieht sich mit Kleist auch auf den Entschluß. Es bedarf der subjektiven Zustimmung, um aus unterschiedlichen Willenszielen (Motiven) zu einem Entschluß zu gelangen. Diese Zustimmung gilt gleichfalls auch für die (Willens-) handlung, bei der unter verschiedenen Möglichkeiten auszuführenden Handlungen subjektiv ausgewählt werden kann (ebd.).

Den eigentlichen Entschluß beschreibt Kleist in Achscher Tradition stehend als das Erlebnis 'Ich will' im Sinne des primären Willensaktes.

Die Willenshandlung selbst stellt sich für Kleist als das in der Willenspsychologie der damaligen Zeit häufiger so beschriebene "neutrale Wollen" dar, für das er aus "pathologischer Beobachtung" heraus den eigenen Begriff "Ausdauer" vorschlägt (a.a.O., S. 1148). Das neutrale Wollen manifestiert sich für Kleist bei manchen Menschen dahin gehend, "nach einmal gefaßtem Entschluß ihr Ziel über alle notwendigen, oft unliebsamen Zwischenziele hinaus zu verfolgen, ohne sich ablenken zu lassen" (ebd.).

Auch nicht genauer gefaßte angeborene "Willensdispositionen, Handlungstendenzen und Neigungen" üben für Kleist eine gewisse Bedeutung auf die Willenshandlung aus.

Auf dem bisher Gesagten aufbauend entwickelt Kleist ein Dreiphasenmodell (**s. Tab. 1**), dem die Überlegung zu Grunde liegt, den Aufbau der Psychomotorik durch ein Schema des zeitlichen Ablaufs der psychomotorischen Einzelvorgänge zu ersetzen und dieses dem psychologischen Willensschema gegenüber zu stellen.

Direkt nach der Vorstellung des Dreiphasenmodells wird es durch Kleist selbst sogleich einer kritischen Betrachtung unterzogen. Er sagt:

"Diese Gegenüberstellung zeigt erneut, daß die Stufen des pathologischen Aufbaus der Psychomotorik sich keineswegs mit den Phasen des psychologischen Ablaufs der Willensvorgänge decken. In jeder der Phasen von Motiv, Entschluß und Handlung sind vielmehr sowohl höhere wie niedere psychomotorische Leistungen enthalten." (a.a.O., S. 1149).

Unter Berücksichtigung höherer und niederer psychomotorischer Leistungen und dem Eindruck, "psychologische und pathologische Einsichten zusammengefügt" zu haben (a.a.O., S. 1150), entwickelt Kleist ein 'Schema des Reflexbogens der psychomotorischen und Willensvorgänge', das in der **Abb. 1** wiedergegeben ist.

Die Kenntnis des in der Abbildung dargestellten Schemas Kleists macht seine später im Text vorgenommene Erklärung des Begriffs "Ergopsyche" verständlicher (a.a.O., S. 1170): Die stammhirnabhängigen menschlichen Regungen und Strebungen, sowie die bei Kleist als 'frontal'aufgefaßten Antriebe, führen letztlich durch die allgemeine subjektive Erfahrbarkeit (Reflexionsfähigkeit) aller genannter Elemente, die, wie gezeigt wurde in Betätigungen, als Handlungen enden können, "zu einem besonderen Ich-Kreise, dem W i l l e n s - I c h (Ergopsyche")" (ebd.)

Psychologischer Ablauf	*und psychomotorischer Ablauf*
1. Phase. Motivation.	
Bildung möglicher Ziele.	Gesinnungen.
Wahl und Zustimmung.	Sensorische Anteile der Regungen.
	Sensorische Anteile der Strebungen der Bejahung und Verneinung (Entscheidung, der Beharrung und Beeinflussung, der Dauer und Wiederholung.
2. Phase. Entschluß.	
Primärer Willensakt.	Antriebserlebnis mit Anstrengungs- und Krafteindrücken.
Bewußtseinslage der Anstrengung mit Spannungsempfindungen.	
3. Phase. Handlung.	
Wirkungsgrad des Wollens (Determination), neutrales Wollen.	Antriebsvorgang (motorisch).
Instinktives Handeln.	Ausdauer.
Autochthone Regsamkeit.	Motorische Anteile der Regungen (Regsamkeit).
Unbeeinflußbarkeit und Beeinflußbarkeit des Willens.	Motorische Anteile der Strebungen.

Tab. 1: Aufbau der Psychomotorik und Gegenüberstellung zum psychologischen Willensschema
(formal modifiziert aus Kleist, 1934, S. 1148)

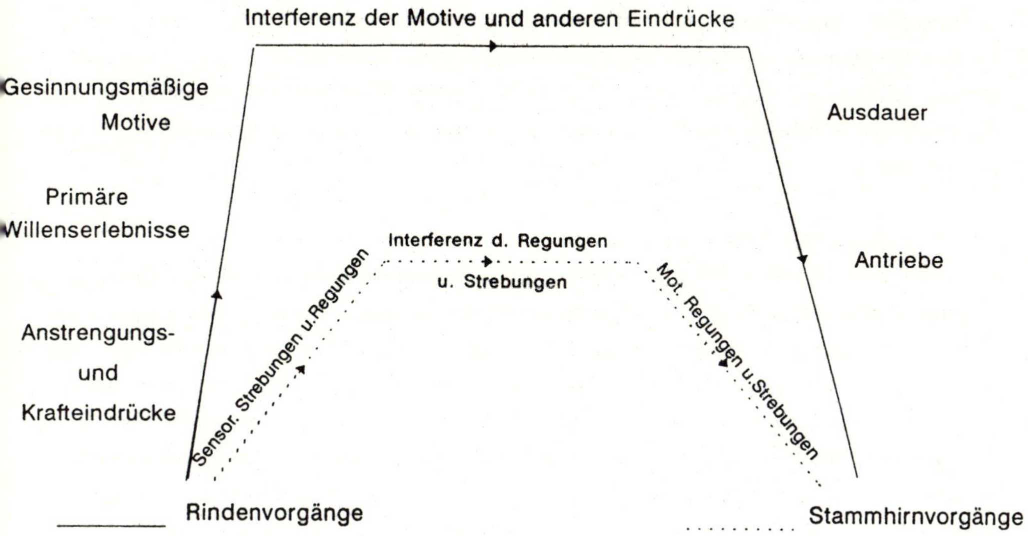

Abb. 1: **Schema des Reflexbogens der psychomotorischen und Willensvorgänge (aus Kleist, 1934, S. 1149)**

Im Rahmen psychischer Erkrankungen werden bei Kleist Willensstörungen erwähnt. Bestimmte Entfremdungserlebnisse psychotisch Kranker, etwa das Fremdwerden des Handelns, Redens und Denkens (z.B. der Eindruck "andere Menschen tun seine Handlungen"), stellen für ihn Störungen der Selbstbestimmung des Willens dar, die die Willensfreiheit beeinträchtigen (ebd.). Die Störungen des Willens (des Willens-Ichs) sind hierbei im größeren Textkontext als Beeinträchtigungen des von Kleist so bezeichneten Selbst-Ichs zu sehen, worauf an dieser Stelle nur verwiesen werden soll (ebd.).

Zeit- und ideengeschichtliche Zuordnung

Ein erster Zugang zum historischen Kontext der willenspsychologischen Theorien Griesingers, Wernickes, Kraepelins, Bleulers und Kleists ergibt sich aus der Analyse der von einigen dieser Autoren verwendeten Metaphern. Bildhafte Beschreibungen der Umsetzung von geistigen Vorstellungen in Handlungen als motorische Aktionen unter Einfluß des Willens erinnern an komplizierte Maschinen: Bei Kraepelin (1903) ergab sich die Herleitung einer zielorientierten Bewegung (Willenshandlung) aus Gefühlen, Zweckvorstellungen und Antrieben. Störungen dieses Willensprozess können z.B. durch Antriebsstörungen im Sinne von 'Aggregatstörungen' hervorgerufen werden. Durch die Einführung psychischer Nebenaspekte bei Willentlichem in Kraepelins Theorie (etwa 'psychologische Voraussetzungen' oder 'Widerstände') können sich Störmöglichkeiten auch hier ergeben: Diese psychologischen Nebenaspekte bilden gleichsam Nebenaggregate, deren Änderung oder Ausfall die Funktionsausübung der Gesamtmaschine irritieren oder behindern. Die Gesamtmaschine arbeitet, wie wir in Kraepelins Text sehen konnten nur ökonomisch, wenn sie sich an dem physikalischen Verhältnis Kraft, Weg und Zeit orientiert.

Auch Bleuler (1920) verwendet Metaphern aus dem technisch-naturwissenschaftlichen Bereich. Bei seinen Darstellungen von Willensstörungen mit Inkonsequenz der Ziele formuliert er beispielhaft:

"... die Maschine geht auf schwache Anstöße hin zu leicht rückwärts, wenn sie vorwärts gehen sollte, weil die Richtungsschaltung zu leicht beweglich ist." (a.a.O., S. 108).

Zusätzlich führt Bleuler in der dynamischen Mensch/Umwelt Interaktion durch erzeugte Spannungen im Triebspiel sich bildende Funktionskomplexe ein, die an mathematische Gleichungen erinnern. Das Subjekt soll situativ die passende Gleichung, den jeweiligen Funktionskomplex, auswählen (s.o.).

Nicht nur der Metaphergebrauch, sondern noch deutlicher die Verwendung organischer, anatomischer Begriffe bei Beschreibungen des Willensprozesses (z.B. Reflexaktionen, Verbindungen mit sensomotorischen Bahnen u.a.) unterstreichen eine auch naturwissenschaftlich-technische Orientierung der genannten Autoren.

Im folgenden Textabschnitt soll der Frage nachgegangen werden, welchem medizinhistorischen

Hintergrund die vorgestellten willenspsychologischen psychiatrischen Theorien zuzuordnen sind. Neben technisch-naturwissenschaftlichen Orientierungen fanden wir, wie gezeigt, immer wieder Auseinandersetzungen mit oder Einflüsse von psychologischen und philosophischen Inhalten.

Rothschuh (1978) beschreibt, daß in jeder medizinischen Epoche unterschiedliche Krankheitsauffassungen diskutiert und verwendet wurden. Es gab gerade im universitären Bereich zu jeder Zeit präferierte Theorien; gleichzeitig wurden jedoch tradierte Medizin- und Krankheitskonzepte bewahrt, bzw. von bestimmten Schulen nach wie vor vertreten. Zudem existierten in allen Jahrhunderten Volksbräuche und volksmedizinische Einstellungen.

Für die Zeit der Romantik des deutschsprachigen Raumes im 19. Jahrhundert (bis etwa 1830) arbeitet Rotschuh zwei einflußreiche Strömungen innerhalb der Medizin heraus. Eine Richtung war stark von der Naturphilosophie Schellings beeinflußt:

"Aber Schellings Hauptinteresse galt damals, Ende des 18. Jahrhunderts, der Philosophie der Naturwissenschaften, vor allem der Chemie, der Physik, den Erscheinungen des Magnetismus, des Galvanismus, der Elektrizität, der Theorie des chemischen Prozesses usw.
Auf allen diesen Gebieten waren in der zweiten Hälfte des 18. Jahrhunderts höchst überraschende, gedanklich aber noch nicht voll beherrschte Entdeckungen gelungen, welche das Nachdenken der Naturphilosophen, aber auch vieler anderer Zeitgenossen aufs stärkste bewegten. Diese Fülle heterogener Naturerscheinungen durch eine Konstruktion des Verstandes in einem System der Natur als Totalität im Werden und Sein einzufangen, war Schellings Anliegen." (Rothschuh, 1978, S. 385 f).

Als zweite Richtung der romantischen Medizin erwähnt Rothschuh diejenige, welche sich der in Kunst und Literatur entstandenen 'romantischen Einstellung' anschloß. Sie fragte z.B. nach dem Menschen, "mit der gesunden, kranken und (bösen) Seele" (a.a.O., S. 386) und beschäftigte sich mit dem menschlichen Ich.

"Diese zweite Richtung der romantischen Medizin lebt aus einer besonderen Haltung der Ehrfurcht vor Gott, Natur und Mensch, einer Haltung, die sich damals auf vielen Gebieten menschlicher Kultur geltend macht." (a.a.O., S. 387).

Auch Ackerknecht (1985) geht auf Aspekte der romantischen Medizin ein und kommt für die Psychiatrie jener Zeit zu einem ernüchternden Ergebnis:

"Daß dieser Weg der deutschen Medizin und Psychiatrie sehr gut bekommen sei, kann man wohl kaum sagen, besonders wenn man ihre Resultate mit dem gleichzeitig in Frankreich mit anderen Mitteln Erzielten vergleicht. Es ist zwar unbestreitbar, daß gelegentlich fruchtbare und sogar geniale Ideen im Gestrüpp romantischer Vorstellungen verborgen sind. Um sie aber aus dem spekulativen und moralistischen Wortgemengsel der Epoche herauszulösen, bedarf es beinah übermenschlicher Anstrengungen, denen wohl nur wenige gewachsen sind. Die Gefahr, Nichtwissen mit leeren und seltsamen Worten zu verhüllen statt es offen und bescheiden zuzugeben, besteht immer. Selten ist man wohl aber dieser Gefahr so gründlich erlegen wie in dieser Epoche." (a.a.O., S. 59).

Die medizinhistorische Literatur weist in ihren Darstellungen des 19. Jahrhunderts immer wieder auf einen Streit der so genannten 'Somatiker' und 'Psychiker' hin. Offenbar war es während der

Romantik zu einer diesbezüglichen deutlichen Polarisierung auch innerhalb der Psychiatrie gekommen:

"Der reinste Ausdruck der romantischen Psychiatrie waren die sogenannten P s y c h i k e r , so genannt, weil sie die Geisteskrankheiten als reine Erkrankungen der körperlosen Seele betrachteten und in wütender Fehde mit den Somatikern lagen, die ihrerseits Geisteskrankheiten als eine ausschließlich körperliche Angelegenheit mit mehr oder weniger wichtigen seelischen Symptomen behandelten." (Ackerknecht, 1985, S. 59).

Der Hinweis auf diese gegensätzlichen theoretischen Einstellungen innerhalb der medizinhistorischen Literatur wirkt häufig unvermittelt. Die Problemdiskussion Soma und Psyche ist historisch gesehen nicht neu und die Betonung des abstrakt Seelischen kein exklusives 'Hirngespinst' ausgerechnet der deutschsprachigen romantischen Medizin und Psychiatrie. Es muß andere, zusätzliche Erklärungen geben, die schließlich dazu führen, etwa Griesinger als einen Hauptvertreter der Somatiker innerhalb der Psychiatrie zu bezeichnen (Ackerknecht, 1985, Rothschuh, 1978).

Dem besseren Verständnis zeitgeschichtlicher Geschehnisse und Zusammenhänge dient erneut Rothschuhs Hinweis auf die mögliche Unterschiedlichkeit der Ansätze von Krankheitstheorien einer Epoche. Wird, wie wir gesehen haben, die romantische Medizin bis etwa 1830 als eine prominente Entwicklung im deutschsprachigen Raum hervorgehoben so bleibt festzustellen, daß gleichzeitig andere historisch begründete theoretische Einstellungen und Entwicklungen in der Medizin stattfanden.
Hier ist die so genannte 'empirische Medizin' zu nennen, die Rothschuh auf Hippokrates zurückführt:

"Sie verstand sich stets als eine möglichst theoriefreie ärztliche Heilpraxis. Empirische Medizin gehört also in den klinischen-praktischen Bereich der Heilkunst, in die Ars medica. Eine solche empirische Medizin benutzte grundsätzlich keine Theorien, welche die Entstehung, den Verlauf und den Ausgang der Krankheiten sowie den Erfolg von Heilverfahren erklären: sie lehnte Krankheitskonzepte als überflüssig ab. Mit anderen Worten: empirische Medizin in reiner Form verstand sich in der Regel als eine konzeptlose Medizinpraxis. ... Empirie muß also nicht gedankenlos sein. Doch ist das, was bedacht wird, nicht der Zusammenhang der Phänomene (Krankheitsentstehung, Krankheitswesen, Krankheitsheilung), sondern der Weg, wie man ohne die Kenntnis solcher Zusammenhänge eine erfolgreiche Heilkunst betreiben kann." (Rothschuh, 1978, S. 158).

Die empirische Medizin hatte im 17. und 18. Jahrhundert, besonders in England (mit Bacon, Locke, Sydenham) an Bedeutung und Aktualität gewonnen (a.a.O., S. 164). Ihr Einfluß machte sich auch in Frankreich geltend, wobei für die Psychiatrie die Bedeutung Pinels (1745-1826) hierbei hervorgehoben wird. Seine Beobachtung von Symptomen und Krankheitsverläufen hatte die Praxis der Therapie psychisch Kranker revolutioniert, in dem er die überall angewendeten Zwangsbehandlungen (z.B. jahrzehntelanges in Ketten legen) abschaffte. Als weitere Verdienste werden angeführt: a) die Abtrennung psychologischer von metaphysischen Problemen, b) die Erstellung einer Lehre von den Krankheitszeichen bei Geisteskrankheiten, c) Beschreibung der klinischen Entwicklung verschiedener psychischer Erkrankungen (de Saussure, 1970, S. 222). Pinels Schüler Esquirol (1772-1840) stellte das Gehirn in den Mittelpunkt seiner psychiatrischen Krankheitslehre. Das Gehirn galt hierbei sowohl als die Ursache für psychische Krankheit, als auch als das Substrat, über das 'psychische Kurmethoden' wirksam werden (Rothschuh, 1978, S. 310 ff.).

Derartige Theorien bilden die Grundlage der Ansicht, daß die französische Psychiatrie zu Beginn des 19. Jahrhunderts federführnd war (Ackerknecht, 1985; Pichot, 1992). Das Interesse an sich entwickelnden deutschsprachigen psychiatrischen Theorien jener Zeit war in Frankreich groß. Dennoch fanden gegenseitige Austäusche häufig nur in privaten Kontakten statt. Sprachbarrieren, später gegenseitige Ressentiments durch kriegerische Auseinandersetzungen, hatten eine wissenschaftliche Diskussion bis zum Ende des 19. Jahrhunderts behindert (Pichot, 1992).

Mit einer allgemeineren Betrachtung sieht Rothschuh (1978) die Reproduzierbarkeit und Überprüfbarkeit der Ergebnisse als Grundlage dafür an, daß sich insgesamt die naturwissenschaftliche, somatische Medizin am Ende des 19. Jahrhunderts so vehement durchgesetzt hatte. Auch in der Psychiatrie gab es deshalb "für psychodynamische Konzepte wenig Raum und Kredit" (a.a.O., S. 318).

In diesem Kontext von Symptomorientiertheit, Somatik und empirischer Prüfbarkeit stehen die willenspsychologischen Aussagen der oben im vorliegenden Text genannten psychiatrischen Autoren. Historisch entsprachen sie somit einem wissenschaftstheoretischen Höhepunkt. Daß Theorien über den Willen und die Willensfreiheit damals überhaupt in besonderer Art und Weise Berücksichtigung in der Psychiatrie fanden liegt vielleicht darin mitbegründet, daß psychisch Kranke über einen langen Zeitraum zuvor durch ihre Änderungen oder Irritationen der Vernunft (und des Willens) als unfrei aufgefaßt worden waren (Haenel, 1982). Die Beachtung des Willens und seiner Störungen bei psychischer Krankheit machten grundsätzlich eine anthropozentrische Einstellung der Autoren deutlich. Diese willenspsychologischen Theorien hatten mit iatrotheologischen Annahmen zu Gesundheit und Krankheit (z.B. als Ausdruck eines göttlichen Willensentscheids) nichts mehr gemein (Rothschuh, 1978).

Die psychiatrischen Willenstheorien wurden noch von anderen Strömungen mitbeeinflußt. Wenn Griesinger (s.o.) z.B. Willenssteigerungen im Zusammenhang mit Leidenschaften stehend sieht, Wernicke bei Willensprozessen Übung, Erziehung und Gewohnheiten berücksichtigt (s.o.), sind dies Hinweise auf Inhalte der 'Affektenlehre':

"Die besondere Bewertung der "Leidenschaften" in ihrer Rolle für Gesundheit und Krankheit durchzieht seit der Mitte des 18. Jahrhunderts die ganze ärztliche Literatur. Affekte sind die Widersacher der Vernunft, sie sollten wohl beherrscht werden. Nur mit ausgeglichenem Gemüt kann der Mensch zu wahrer Erkenntnis, zum Vorherrschen der Vernunft, zu seinem Glück und zur wahren Glückseligkeit gelangen. Vernunft und Besonnenheit gelten als höchstes Gut des aufgeklärten Menschen, sie verbürgen die Gesundheit." (Rothschuh, 1978, S. 307 f.)

Verschiedene Autoren führen mit heutiger Sicht die 'Degenerationslehre' als eine weitere Hauptströmung der Psychiatrie des 19. Jahrhunderts an (Ackerknecht, 1985; Hermle, 1986). Hermle weist auf die Genese der Degenerationslehre in der französischen Psychiatrie hin und erwähnt neben Morel auch Pinel als einen der geistigen Väter dieser Theorie.

"Vorläufer der Degenerationslehre finden sich vor allem in Frankreich. Sie entwickelte sich aus Auffassungen über die Erblichkeit von Geisteskrankheiten, die bereits von Pinel u. Esquirol im ausgehenden 18. Jahrhundert angenommen worden waren." (Hermle, 1986, S. 70).

Nun, Esquirol wurde 1772 geboren und Pinel, sein psychiatrischer Lehrer, war 1778 nach Paris gekommen um dort unter großen Mühen erst einmal die Zulassung zum Praktizieren als Arzt zu erhalten. Pinel war zunächst Internist und leitete erst ab 1793 die großen Krankenhäuser Bicêtre und Salpêtriere. Sein psychiatrisches Werk über die Geisteskrankheiten erschien 1801 (de Saussure, 1970). Pinel nahm, wie wir oben sehen konnten, unterschiedliche Gründe für die Ursache und den Verlauf psychischer Krankheiten an.

Die Degenerationslehre ist vermutlich mit heutiger Sicht am ehesten Ausdruck einer bisher im vorliegenden Text noch nicht erwähnten weiteren Krankheitskonzeption, die im vergangenen Jahrhundert in der europäischen Medizin bedeutsam war, nämlich der von morphopathologischen bzw. iatromorphologischen Krankheitstheorien:

"Viele Autoren des 17., 18. und 19. Jahrhunderts, vor und nach Morgagni, haben symptomatisch-morphopathologische Korrelationsstudien über die Erkrankungen spezieller Organe bzw. Organsysteme ausgeführt. Es gelang ihnen dabei, immer mehr "Krankheitsbilder" von relativ großer Einheitlichkeit in Verlauf, Entstehung und Ausgang zu beschreiben, womit die Morphopathologie deutlich näher an die klinischen Aufgaben heran kam." (Rothschuh, 1978, S. 371).

Ackerknecht (1985) definiert die psychiatrische Degenerationslehre mit der Übersetzung einer Textstelle von Morel (1809-1873):

"Die Degenerationen sind krankhafte Abweichungen vom normalen menschlichen Typ, sind erblich übertragbar und entwickeln sich progressiv bis zum Untergang." (a.a.O., S. 54 f.).

Auf die Kenntnisnahme dieser Theorie durch Griesinger und Kraepelin wird hingewiesen (Ackerknecht, 1985; Hermle, 1986). Die kurze Blüte dieses speziellen Konzeptes beschreibt Akkerknecht folgendermaßen:

"Die Erfahrung bestätigte die Auffassung von einer progressiven Degeneration weder in Familien noch bei Völkern. Die neuen genaueren Kenntnisse vom tatsächlichen Mechanismus der Vererbung, die sich durch die experimentellen Arbeiten Mendels und ihre Wiedererweckung am Anfang des 20. Jahrhunderts rasch verbreiteten, machten den "polymorphen" Vererbungsideen der Degenerationstheoretiker ein Ende. Der schöne Traum einer soliden, neuen Synthese war zu Ende." (Ackerknecht, 1985, S. 57).

So harmlos, wie hier beschrieben, war dieses Ende nicht; Ackerknecht selbst verweist auf die grausamen Folgen derartiger Überlegungen zur Zeit des Nationalsozialismus (a.a.O., S. 58).

Konkrete Bezüge zwischen der Degenerationslehre und psychiatrischen Willenstheorien der hier behandelten Autoren konnten wir nicht auffinden. Die Degenerationshypothese betraf auch nicht so sehr einzelne psychische Funktionen, als vielmehr die Zuordnung psychischer Störungen zu Krankheitsentitäten:

"Entartung ist das ebenso schillernde wie gefährliche Zauberwort, mit dem Möbius ebenso wie Kraepelin und andere Autoren das Wesen endogener Psychosen zu klären suchten. Es ist ein biologischer Begriff und wenn Kraepelin von >>Entartungsprocessen<< spricht, schließt er sich damit fest biologistischen Ideen an, um die Entstehung schizophrener Psychosen zu erklären. Entartung wird anfangs keineswegs mit Erbanlage völlig gleichgesetzt, da sie auch im Laufe des Lebens zu erwerben ist. Vor allem entsteht sie aus inneren, endogenen Gründen im Gegensatz zu äußeren, exogenen, ohne daß sie schon fest und genau abzugrenzen ist." (Pauleikhoff, 1987, S. 291).

Geht der Schwerpunkt einer zeit- und ideengeschichtlichen Zuordnung nicht so sehr vom medizinhistorischen Kontext, sondern eher von der verwendeten Begrifflichkeit bei psychiatrischen Willenstheorien aus, fällt der bei den Autoren Griesinger, Wernicke und Kraepelin verwendete Begriff der 'Vorstellung' im Zusammenhang mit Darstellungen des Willens auf. Die enge Assoziation des Begriffs der Vorstellung an den des Willensbegriffs ist mit Rohracher (1988) folgendermaßen erklärlich:

"Nach diesem Gesichtspunkt kann man die Willenstheorien in zwei große Hauptgruppen einteilen, die ich als >>heterogenetische<< und >>autogenetische<< Willenstheorien bezeichne: die heterogenetischen führen die Willenserlebnisse auf andere Vorgänge zurück, die autogenetischen sehen in ihnen ein primäres, originäres Geschehen." (a.a.O., S. 530).

Und weiter:

"Es lassen sich vier heterogenetische Willenstheorien unterscheiden: die Gefühls-, die Vorstellungs-, die Empfindungs-, und die intellektualistische Theorie." (ebd.).

Die genannten psychiatrischen Autoren sind demnach einer heterogenetischen Willenstheorie verpflichtet, wobei Bleuler seinen theoretischen Hauptakzent auf die Betonung der affektiven Seite bei Willensprozessen legt.

Die Bedeutung des Begriffs der Vorstellung im Zusammenhang mit Willentlichem läßt sich, ausgehend von Griesinger, auch auf die Theorien Herbarts zurückführen (Pauleikhoff, 1987, S. 228). Herbarts Philosophie war zu seiner Zeit auf eine große wissenschaftliche Resonanz gestoßen und hatte ihn veranlaßt, psychologische Schriften zu verfassen (Herbart (1850), reprint, 1968). Die umfangreichen Darstellungen Herbarts von Bezügen der Vorstellungen zur Seele, zum Ich, dem Bewußtsein oder die philosophischen Ableitungen des Begriffes in Auseinandersetzungen mit der Philosophie von Leibnitz in den einzelnen Paragraphen seines ersten Bandes können an dieser Stelle nur angedeutet bleiben. Für das Verhältnis von Vorstellen und Wollen ergibt sich ein Einblick durch folgendes Zitat:

"Auf zwei der allerwichtigsten psychologischen Gegenstände, das Gedächtnis und den Willen, fällt hier ein unerwartetes Licht. Dass beide sich auf das Vorstellen beziehen, ist schon im §. 12 vorläufig bemerkt worden. Dass sie allein aus dem Vorstellen abgeleitet werden müssen, und ganz und gar nicht als besondre Seelenkräfte angesehen werden dürfen, folgt schon aus der allgemein-metaphysischen, ... , Untersuchung, aus welcher hervorgeht, dass überhaupt ein Seiendes keine ursprüngliche Mehrheit von Bestimmungen, - ein Vorstellendes keine ursprüngliche Mehrheit von Gemüthskräften, - enthalten könne. Wie aber das Vorstellen in ein Wollen übergehe, kann jetzt nicht mehr zweifelhaft sein, da wir gesehen haben, dass Vorstellungen, vermöge gegenseitiger Hemmung, sich in ein Streben vorzustellen verwandeln. Modificationen dieses Strebens müssen alle diejenigen Phänomene sein, welche unter dem Namen des Willens, im weitesten Sinne des Wortes, begriffen werden. Denn alles Wollen trachtet nur dahin, sein Vorgestelltes entweder vollkommen ins Bewusstsein zu bringen, oder vollkommen hinauszuschaffen;" (Herbart (1850), reprint, 1968, Bd. I, S. 149).

Weniger direkt als bei Griesinger sind das Verhältnis Vorstellen-Streben-Wollen oder einzelner Elemente dieser heterogenetischen Willenstheorie in den willensbezogenen Konzepten der übrigen hier genannten Autoren auffindbar. Wenngleich z.B. Bleuler eher den Affekt, nicht die Theorie der Vorstellung präferiert, findet sich der Aspekt der Strebung, ebenso wie bei Kleist, auch hier wieder. Kraepelins Begriff der Vorstellung geht vermutlich auf Wundt zurück. Auch dieser benutzt den Terminus der Vorstellung:

"Wundt hat in seiner > >Apperzeptionslehre< < (> >Den Eintritt einer Vorstellung in das innere Blickfeld wollen wir die Perzeption, ihren Eintritt in den Blickpunkt oder das Aufmerksamkeitsfeld die Apperzeption nennen< <) dem Wollen die Hauptrolle für die Steigerung der Vorstellungen zu voller Klarheit zugeschrieben, ist dabei aber mit seinen > >sechs Klarheitsgraden< < in innere, unauflösbare Widersprüche geraten." (Rohracher, 1988, S. 545).

Im Gegensatz zum Vorstellungsbegriff ist der bei Willentlichem von allen Autoren genannte Handlungsbegriff eindeutig klärbar: Handlung ist die motorische Aktion; diese ist auch von Außen erfahrbar.

Die bisherigen Ausführungen haben deutlich werden lassen, daß der psychiatrische Willensbegriff historisch bedeutender Autoren durch Einflüsse aus den Naturwissenschaften, der Philosophie, der Psychologie und mit allgemein kulturgeschichtlichen Aspekten zu kennzeichnen ist. Eine bloße Einteilung in Somatiker oder Psychiker ist in Bezug auf psychiatrische Willenstheorien nicht möglich. Diese in der Literatur so oft erwähnte Unterteilung, manchmal als Polarisierung aufzufassen, mag sich für Einstellungen zur Krankheitsgenese einzelner psychiatrischer Autoren eignen. Theorien über den komplizierten psychischen Prozess des Willens wird sie nicht gerecht.

Einige abschließende Fragestellungen und Problembereiche

Als ein grundsätzliches Hauptproblem der psychiatrischen Willenstheorien ab der Mitte des 20. Jahrhunderts ist erneut die Tatsache anzugeben, daß kein psychiatrischer Willensbegriff mehr existiert. Wird das Willensthema überhaupt in modernen psychiatrischen Lehrbüchern berücksichtigt, orientiert sich die Begrifflichkeit inhaltlich an traditionellen Theorien (Huber, 1987). Diese Feststellung führt zu zunächst ganz praktisch orientierte Konsequenzen. Viele Psychiater sind in ihrer alltäglichen Arbeit als Sachverständige in Strafprozessen bei Gericht tätig. Hier werden sie als sachverständige Berater des Gerichts auch dazu aufgefordert, zu Willentlichem eines

Begutachteten Stellung zu nehmen. Diese Notwendigkeit ergibt sich z.B. im Rahmen der psychiatrischen Begutachtung nach den §§ 20 und 21 StGB, wenn der begutachtende Psychiater zur Einsichts- und Steuerungsfähigkeit des Untersuchten Aussagen macht. Es bedarf äußerst geschickter Argumentationen, um das zu entstehen drohende Dilemma zu minimieren:

"Vom theoretischen Ansatz her gibt die Beurteilung der Steuerungsfähigkeit noch größere Probleme auf als die Beurteilung der Einsichtsfähigkeit. Unter den forensischen Psychiatern hatten sich zwei Parteien gebildet: die Gnostiker und die Agnostiker. Das sind Bezeichnungen, die Dispute weiser Männer verschiedener philosophischer Richtungen suggerieren. Eigentlich geht es in der Diskussion aber nur darum, ob der Sachverständige überhaupt etwas zur Beurteilung der Steuerungsfähigkeit beitragen kann. Der philosophische Bereich wird insofern berührt, weil in der Schuldfähigkeitsbeurteilung letztlich die Aporie steckt, über die Existenz von Willensfreiheit zu entscheiden. Innerhalb unseres Rechtssystems wird Willensfreiheit vorausgesetzt, der allgemeine Schuldvorwurf wäre sonst nicht legitim; ... Der psychologisch-psychiatrische Sachverständige ist mit seiner Methodik natürlich überfordert, sollte er etwas zur Freiheit des einzelnen Entschlusses sagen." (Rasch, 1986, S. 60f.).

Rasch verdeutlicht, daß der psychiatrische Sachverständige außerhalb seines subjektiven Wissens und angelehnt an eine etwa 100 Jahre alte Theorie auf keine allgemein anerkannte wissenschaftliche psychiatrische Lehrmeinung zurückgreifen kann. Auf die hierdurch entstehenden Schwierigkeiten geht Rasch (1986) in einem speziellen Kapitel 'Motiv, Wollen und Handlungsbereitschaft' gesondert ein (a.a.O., S. 153 f.).

Der Untergang des Willensbegriffs ab der zweiten Hälfte des 20. Jahrhunderts betraf nicht nur die Psychiatrie, sondern ebenfalls die Psychologie. Rohracher (1988) beschreibt den Übergang von Willenstheorien in die Motivationsforschung, die zu kaum mehr überblickbaren Einzelschulen und Subkategorisierungen führte. Nach der offiziellen Einrichtung psychologischer Fakultäten an den Universitäten Deutschlands in den 40er Jahren war die Psychiatrie einer engen geistigen Verwandten beraubt. Es wurde seitdem, außer in Ausnahmefällen, kaum noch miteinander geredet. So ist zu erklären, daß die im vorliegenden Text bereits erwähnten neueren willenspsychologischen Theorien der Psychologie um Heckhausen in der Psychiatrie noch nicht zur Kenntnis genommen wurden. Eine eigene 1993 durchgeführte diesbezügliche computergesteuerte Literaturrecherche in allen gängigen Medizindateien ergab keinen Erfolg.

In diesem Zusammenhang soll die kritische Frage gestellt werden, ob das Thema: 'Der menschliche Wille' überhaupt noch für die Psychiatrie, außerhalb forensischer Spezialfragen, von Relevanz und Interesse sein kann. Die Notwendigkeit einer Theorie über den Willen und ihr möglicher Nutzen muß sich spätestens an dieser Stelle an den Patienten, hier den chronisch schizophren Kranken, messen lasen. Notwendigkeit und Nutzen einer zeitgemäßen psychiatrischen Willenstheorie lassen sich von diesen Patienten ausgehend rasch auffinden: Das Diagnosemanual DSM-III-R (1989) berücksichtigt in seiner Beschreibung der Prodromal- und Residualphase einer schizophrenen Erkrankung folgende, hier ausgewählt wiedergegebene Merkmale (a.a.O., S. 167 f.):

- ausgeprägte soziale Isolierung oder Zurückgezogenheit;
- ausgeprägte Beeinträchtigung der Rollenerfüllung im Beruf, in der Ausbildung oder im Haushalt;
- ausgeprägt absonderliches Verhalten ...
- erheblicher Mangel an Initiative, Interesse oder Energie.

Hinzu kommt, daß über die sg. Achse V des DSM-III-R Manuals das 'psychosoziale Funktionsniveau' von Patienten vor und während der Erkrankung beurteilt werden kann. Insgesamt verdeutlichen diese DSM-III-R Exzerpte, daß das kranke schizophrene Individuum als Mensch ständig in einer dynamischen Umweltinteraktion steht, wobei die schizophrene Krankheit offensichtlich negative Konsequenzen innerhalb dieses Prozesses bewirken kann, indem sie möglicherweise diesen aktiven Austausch stört.
Traditionell war es die Philosophie, die aufzeigte, daß es sich bei dem menschlichen Willen um einen maßgeblichen Faktor innerhalb des Prozesses der Mensch-Umwelt-Interaktion handelt. Aber auch die Philosophie spielt in der jüngeren Psychiatrie kaum noch eine Rolle. Zwar wird sie von der Psychiatrie in Spezialfragen, wie etwa ethischen Problemen, manchmal um Rat gefragt. Jüngere philosophische Theorien wie die Handlungsphilosophie (vgl. Gert und Duggan, 1979), deren Inhalte geradezu danach verlangen, zur Klärung der Problematik Wille und Handlung von der Psychiatrie zur Kenntnis genommen zu werden (Lasar, 1994, a)), sind im deutschsprachigen Raum weitgehend unbeachtet an ihrem Horizont vorbeigezogen (Barocka, 1988).

Ein weiterer Problembereich läßt sich aus der Frage entwickeln, ob die Denkmodelle der klassischen psychiatrischen Willenstheorien geeignet sind, der Dimension von Willentlichem gerecht zu werden.
Vereinfacht wiedergegeben bildet sich hier der Wille als die Summe aus Einzelelementen aus. Seine Führungsposition an der Spitze einer angenommenen psychischen Hierarchie erhält er durch seine energetische Potenz, die aus dem ihm zugeführten Material auswählt und Entscheidungen trifft. Er initiiert eine rein motorische Handlung, die ohne sichtliche geistige Anteile, ohne geistigen Begleitschutz (Lasar, 1994, b)), aktionistisch abläuft. Störungen dieses hierarchischen Systems gehen von der Basis aus: Irrungen und Wirrungen von Vorstellungen, Affekten oder Antrieben (im ersten Blockabschnitt) bewirken im Zuge einer linearen Abfolge Änderungen oder den Ausfall des Willens (im zweiten Blockabschnitt). Als letztes Glied (im dritten Blockabschnitt) ist konsekutiv die motorische Aktion verändert, wobei sich diese Änderungen in Form eines "Zuviels" oder "Zuwenigs" darstellen. Insgesamt fehlen Hinweise auf Korrektur-, Kontroll-, Umgehungs-, Ersatz-, u.a. Kompensationsmöglichkeiten z.B. im Falle einer Störung.

Vielleicht ist es notwendig, neuere naturwissenschaftliche Methoden und Systematiken zur Erweiterung des Denkansatzes über den Begriff des Willens zu berücksichtigen. Unser Wissen reicht zur Zeit noch nicht aus, um Chancen und Bezüge derartiger naturwissenschaftlicher Systematiken für den Willensbegriff im vorliegenden Text konkret inhaltlich aufzuarbeiten. Obwohl meist vergleichbare Prinzipien gemeint sind, ist die Begrifflichkeit für solche neueren Denkmodelle von Außen her noch schwer eingrenzbar, z.B. als Neuroinformatik oder Neurokybernetik. Die Faszination derartiger Konzepte geht von ihrer Anlehnung an Netzwerktheorien aus, die in vielen Wissenschaftsdisziplinen bereits ihren Niederschlag gefunden haben (Keupp und Röhrle (Hrsg.), 1987; Klix, 1992; Markowitsch (ed.), 1988; Zänker (Hrsg.), 1991). Auch für den psychiatrischen Bereich liegen erste Arbeiten bzw. erste Bewertungen des Netzwerkansatzes vor (Kirkpatrick und Buchanan, 1990).

Die Zusammenfassung einer der wenigen psychiatrischen Beiträge zum Thema soll an dieser Stelle wiedergegeben werden (Wieding und Schönle, 1991):

"Modelle von neuronalen Netzen werden zur Simulation von kognitiven Systemen eingesetzt. Dabei soll, ausgehend von Erkenntnissen der Gehirnforschung, die Informationsverarbeitung durch Interaktion vieler einfacher Verarbeitungselemente in einer netzartigen Struktur parallel erfolgen. In diesen 'neuronalen Netzen' ist Wissen verteilt repräsentiert; der Vorgang des Lernens basiert,..., auf einer Verstärkung der Verbindungen zwischen den Verarbeitungselementen. ... Modelle neuronaler Netze werden einen bedeutenden Beitrag zum Verständnis von Fähigkeiten und Fehlfunktionen des Gehirns liefern." (a.a.O., S. 415).

Der vorliegende Text schließt in der Hoffnung, im interdisziplinären Austausch die Forschungsergebnisse verschiedener Disziplinen zu sichten und zu diskutieren, um hieran eine Neukonzipierung des komplexen Willensbegriffs auch für die psychiatrische Wissenschaft zu beginnen.

Literatur

Ach, N. (1905) Über die Willenstätigkeit und das Denken. Eine experimentelle Untersuchung mit einem Anhange: Über das Hippsche Chronoskop. Göttingen: Vandenhoeck & Ruprecht

Ach, N. (1910) Über der Willensakt und das Temperament. Leipzig: Quelle und Meyer

Ackerknecht, E.H. (1985) Kurze Geschichte der Psychiatrie. Stuttgart: Enke

Barocka, A. (1988) Probleme ethischer Normen in der Psychiatrie. Habilitationsschrift der Medizinischen Fakultät der Universität Erlangen-Nürnberg

Bleuler, E. (1920) Lehrbuch der Psychiatrie. Berlin: Springer

DSM-III-R (1989) Diagnostische Kriterien und Differentialdiagnosen des diagnostischen und statistischen Manuals psychischer Störungen DSM-III-R. Weinheim, Basel: Beltz

Gert, B., Duggan, T.J. (1979) Free will as the ability to will. Noûs 13: 197-217

Griesinger, W. (1964) Die Pathologie und Therapie der psychischen Krankheiten für Ärzte und Studierende. Nachdruck der Ausgabe Stuttgart 1867. Amsterdam: Bonset

Haenel, T. (1982) Zur Geschichte der Psychiatrie. Gedanken zur allgemeinen und Basler Psychiatriegeschichte. Basel, Boston, Stuttgart: Birkhäuser

Heckhausen, H., Gollwitzer, P.M., Weinert, F.E. (Hrsg.) (1987) Jenseits des Rubikon: Der Wille in den Humanwissenschaften. Berlin, Heidelberg, New York, London, Paris, Tokyo: Springer

Herbart, J.F. (1968) Psychologie als Wissenschaft, neu gegründet auf Erfahrung, Metaphysik und Mathematik. Erster, synthetischer Theil und zweiter, analytischer Theil. Nachdruck der Ausgabe 1850, Amsterdam: Bonset

Hermle, L. (1986) Die Degenerationslehre in der Psychiatrie. Fortschr. Neurol. Psychiat. 54: 69-79

Huber, G. (1987) Psychiatrie. Systematischer Lehrtext für Studenten und Ärzte. Stuttgart, New York: Schattauer

Keupp, H., Röhrle, B. (Hrsg.) (1987) Soziale Netzwerke. Frankfurt, New York: Campus

Kirkpatrick, B., Buchanan, R.W. (1990) The neural basis of deficit syndrome of schizophrenia. J. Nerv. Ment. Disease 178: 545-555

Kleist, K. (1934) Gehirnpathologie. Vornehmlich auf Grund der Kriegserfahrungen. Leipzig: Barth

Klix, F. (1992) Die Natur des Verstandes. Göttingen, Bern, Toronto, Seattle: Hogrefe

Kornadt, H.-J. (1986) Motivation und Volition. Fachrichtung Allgemeine Erziehungswissenschaften Universität Saarbrücken, 38: 1-15

Kraepelin, E. (1903) Psychiatrie. Ein Lehrtext für Studierende und Ärzte. Bd. I. Leipzig: Barth

Lasar, M. (1992) Zum Willensbegriff in der Psychiatrie. Fundamenta Psychiatrica 6: 174-179

Lasar, M. (1994, a)) Handlungstheoretische Aspekte bei Phobien und Zwängen. In: Payk, Th.R. (Hrsg.) Angsterkrankungen. Stuttgart, New York: Schattauer

Lasar, M. (1994, b)) Psychiatrie im Spannungsfeld von Philosophie und Psychologie am Beispiel der Willenshandlung. In: Wessel, K.F. (Hrsg.). Herkunft, Krise und Wandlung der modernen Medizin. Kulturgeschichtliche, wissenschaftsphilosophische und anthropologische Aspekte. Bielefeld: Kleine

Leonhard, K. (1961) Biologische Psychologie. Leipzig: Barth

Markowitsch, H.J. (ed) (1988) Information processing by the brain. Views and hypotheses from a physiological-cognitive perspective. Toronto, New York, Bern, Stuttgart: Huber

Pauleikhoff, B. (1983) Das Menschenbild im Wandel der Zeit. Ideengeschichte der Psychiatrie und der klinischen Psychologie. Die Zeit bis Kraepelin und Freud. Bd. II. Hürtgenwald: Pressler

Pauleikhoff, B. (1987) Das Menschenbild im Wandel der Zeit. Ideengeschichte der Psychiatrie und der Klinischen Psychologie. Die Zeit vor und nach 1900. Bd. III. Hürtgenwald: Pressler

Pichot, P. (1992) Die Geschichte der deutschen Psychiatrie aus der Sicht der französischen Psychiater. Fortschr. Neurol. Psychiat. 60: 317-327

Rasch, W. (1986) Forensische Psychiatrie. Stuttgart, Berlin, Köln, Mainz: Kohlhammer

Rohracher, H. (1988) Einführung in die Psychologie. München, Weinheim: Psychologie Verlags Union

Rothschuh, K.Ed. (1978) Konzepte der Medizin in Vergangenheit und Gegenwart. Stuttgart: Hippokrates

Saussure de, R. (1970) Philippe Pinel. In: Kolle, K. (Hrsg.). Große Nervenärzte. Bd. I. Stuttgart, New York: Thieme

Saß, H. (1990) Operationalisierte Diagnostik in der Psychiatrie. Nervenarzt 61: 255-258

Steppi, C.R. (1991) Motivation und Moral. Frankfurt/Main, Bern, New York, Paris: Lang

Wieding, J.U., Schönle, P.W. (1991) Neuronale Netze. Nervenarzt 62: 415-422

Wernicke, C. (1879) Ueber das Bewusstsein. Allg. Z. Psychiat. 35, 420-431

Wernicke, C. (1906) Grundriss der Psychiatrie in klinischen Vorlesungen. Leipzig: Thieme

Wundt, W. (1896) Grundriß der Psychologie. Leipzig: Engelmann

Zänker, K.S. (Hrsg.) (1991) Kommunikationsnetzwerke im Körper. Heidelberg, Berlin, New York: Spektrum

Autorenverzeichnis

Priv.-Doz. Dr. med. Ingrid Börner
Zentrum für Psychiatrie
der Ruhr-Universität Bochum
Alexandrinenstr. 1
D-44791 Bochum

Dipl.-Soz. Matthias Broer
Institut für Klinische
Rehabilitationsforschung
Herz-Kreislauf-Klinik
D-57319 Bad Berleburg

Dr. rer.nat. Dieter Ferring
Universität Trier, Fachbereich 1
Psychologie
D-54286 Trier

Prof. Dr. phil. Sigrun-Heide Filipp
Universität Trier, Fachbereich 1
Psychologie
D-54286 Trier

Dr. phil. Johanna Hartung
Fakultät für klinische Psychologie
der Ruhr-Universität Bochum
Universitätsstr. 150
D-44801 Bochum

Dr. med. Sylvia Kotterba
Neurologische Klinik
der Ruhr-Universität Bochum
BG-Kliniken Bergmannsheil
Bürkle-de-la-Camp-Platz 1
D-44789 Bochum

Dr. med. Michael Lasar
Zentrum für Psychiatrie
der Ruhr-Universität Bochum
Alexandrinenstr. 1
D-44791 Bochum

Prof. Dr. phil. Dietmar Schulte
Fakultät für klinische Psychologie
der Ruhr-Universität Bochum
Universitätsstr. 150
D-44801 Bochum

Priv.-Doz. Dr. phil. Karin Siegrist
Institut für Klinische
Rehabilitationsforschung
Herz-Kreislauf-Klinik
D-57319 Bad Berleburg